온 우주는 당신이 깨어나길 바라고 있다

주이슬

권은겸

김봉선

이미경

김지선

김수경

조숙경

온 우주는 당신이 깨어나길 바라고 있다

기획 **김태광**(김도사)

황문섭

김한별

김현진

김결이

최희선

제나

금선미

두드림미디어

'삶이 내게 고난과 시련을 준 이유는 무엇일까?'
'왜 내게 이런 일들이 반복적으로 일어난 것일까?'

 끊임없이 질문하고 질문해도 답을 찾을 수 없었던 기나긴 시간을 떠올려본다. 그렇게 나는 신에게, 세상에, 돈에 그리고 가족과 나를 둘러싼 모든 것들에 "Why?"라는 질문을 반복해 던지며 살아왔다. 나에게 되풀이해 일어나는 고난과 시련이 모두 외적 요인 때문이라 생각해서였다. 어떤 것에라도 책임을 전가하고 회피하고 도망치고 싶었기 때문이다.

 그러다 깨달았다. 내 질문의 방향이 잘못되었다는 걸….

지금 내가 겪고 있는 고난과 시련이 지구별에 오기 전 천계에서부터 철저히 계획되었던 것임을 알게 된 것이다. 신들과의 합의 아래 결정되었던 것임을 알게 된 것이다.

나는 "Why?"라는 질문의 방향을 "나는 Why?"로 바꿔봤다.

질문에 한 단어를 보태자 질문의 명확함이 살아났다. 내가 내 삶의 모든 시나리오를 짰다면 분명, 그 이유가 있을 터. 나는 모든 고난과 시련이 나로부터 시작되었다는 걸 깨닫기에 이르렀다.

지구별 여행을 마무리하고 온 곳으로 돌아가면, 지구별에 살면서 쌓은 지식과 경험이 그곳에선 화폐로 쓰인다고 한다. 그것을 '의식의 화폐'라 칭한다고도 한다. 나는 그것을 모으리라 결정한 데 따라 내가 겪을 고난과 시련을 설정한 것이다. 그러므로 밀린 숙제가 돌아오듯 삶은 내가 경험하기로 한 그것들을 반복해 내게 준 것이다. 결국, 고난과 시련이 내 발목을 붙잡고 있었던 게 아니라, 내가 그것들을 붙잡고 있었던 셈이다. 나는 에고와 결핍이 가득한 기도를 하며 최선을 다해 과거를 살고 있었던 셈이다.

나의 우주는 그리고 신께서는 내 기도에 정확히 응답하셨다. 사람들은 이것을 끌어당김의 법칙에 견주어 설명하기도 한다. 에고와 결핍이 가득한 기도를 하자, 우주와 신은 그것들을 계속

해서 내게 가득가득 채워주셨다.

많은 사람이 의식성장과 깨달음을 이야기한다. 누구는 마음 공부를 통해, 누구는 명상을 통해, 또 누군가는 종교에서 그것을 얻으려 한다. 그렇게 수년에서 수십 년을 거듭해 노력해도 그것을 이루지 못한 사람들을 보게 되기도 한다. 그들의 모습에서 얼마 전까지의 내 모습을 발견하게 되기도 하고.

영혼의 갈급함을 채우지 못해 나는 참으로 안타까운 목마름을 경험해야 했다. 의식을 깨우는 일은 누구도 대신해줄 수 없다는 사실이 나를 힘들게 했다. 또한, 아끼고 사랑하는 이들의 의식을 깨울 수 없다는 것도 내겐 힘든 일이었다. 하지만 가장 고통스러웠던 건 그들이 내 의식의 성장과 깨어남을 방해하는 것이었다.

김태광(김도사) 대표님이 기획한 공저《온 우주는 당신이 깨어나길 바라고 있다》는 의식이 깨어나기 시작한 여러 작가분의 다양한 삶의 경험과 영적 체험을 모아놓은 책이다. 어렵게 생각할 수도 있는, 의식을 깨우고 성장시킨 이야기를 각자의 언어와 삶의 색깔로 표현해냈다. 이 책이 의식성장이란 주제의 기초와 기본이 되어주리라 본다.

어떤 이는 이 책에서 자신의 경험과 유사한 내용을 찾을 수도 있을 것이다. 그러면 더는 타인에게 의식의 성장과 깨어남에 대한 이해와 동의를 구할 필요가 없어지리라. 사랑하는 이들에게 말없이 건네는 이 책 한 권이 그들의 마음을 움직일뿐더러 그들 의식이 깨어나도록 도와주리라 믿는다.

이로써 온 우주가 나를 향해 열려 있음을 알게 될 것이다.

귀중한 책이 나올 수 있도록 도와주신 김태광(김도사) 대표님과 〈위닝북스〉 권동희 대표님에게 감사의 마음을 전한다.

대표 저자
이미경

목 차

주이슬

모든 답은 외부가 아닌
내면에 있다

주이슬

2011년 대학교 3학년 때 나는 갑자기 몸이 아팠다. 여름방학 때 한 달 동안 사회적 기업에서 인턴을 하던 끝자락이었다. 마지막 출근 날 왼쪽 다리가 이상해 쳐다보니 코끼리 다리처럼 부어 있었다. 너무 놀라 정형외과에 가서 진료를 받았다. 하지만 그곳에선 항생제만 처방해줄 뿐이었다.

다음 날 아침 눈은 떴지만 처음 느껴보는 찌릿한 통증에 직면해야 했다. 두통은 기본에 온몸의 관절이 비명을 질러대는 듯했다. 너무 놀란 나는 아무 말도 못 하고 눈물만 흘렸다. 이유 모를 그런 아픔은 1년 반 동안이나 나를 괴롭혔다.

당시 나는 취업 스트레스 한가운데에 던져져 있었다. 사람은 왜 태어나고, 왜 살아야 하는지, 인간이 우주의 먼지에 불과한 건 아닌지 등 스트레스로 인한 온갖 상념이 나를 괴롭혔다. 나란 존재는 극도로 작아져 있었고.

학창 생활을 하면서 나는 내 의지대로 노력하면 무엇이든 해낼 수 있으리라 생각했다. 시험점수를 잘 받고 싶으면 공부하면 되었고, 친구를 사귀고 싶으면 먼저 다가가면 되었다. 그런데 취업 문제에 맞닥뜨리자 내 마음대로 되지 않을 것 같다는 불안감이 계속 들었다.

스무 살이 되면서 나는 많은 경험을 해보리라 작정했다. 학회, 동아리, 아르바이트 등 할 수 있는 모든 활동을 마다하지 않았다. 그러느라 외부 사람들과 부대끼는 시간이 많았다. 그렇게 아프기 전까지 나는 나만의 시간이 거의 없었던 셈이다.

그러다 몸이 아팠고, 내 선에서 할 수 있는 게 많이 없었다. 다행히도 온종일 집에서 책을 볼 수 있는 시간이 주어졌지만 말이다. 그리고 이는 자기계발 책들에 빠져드는 계기가 되었다. 그 당시 내가 본 책 중 시련을 이겨내고 성공을 거머쥔 스토리를 담은 책들은 나에게 정말 큰 힘이 되어주었다. 그런 책들에 몰입하는 순간만큼은 살아 숨 쉬는 것 같았다. 그럴 때면 정말 한없이 기분이 좋았다.

그 당시 읽었던 책 내용 중 기억에 남는 이야기가 있다. 여성 작가분이 쓴 에세이였고, 오랜만에 만난 친구 이야기가 주제였다. 당시 친구는 해사한 얼굴로 그동안 어떻게 지냈는지 이야기해주었다고 한다. 남편을 먼저 떠나보내고 홀로 아이들을 키워야 하는 아주 힘든 상황에 대해.

그 이야기를 듣기 전까지 작가는 친구가 그렇게 힘든 상황에 놓여 있다는 걸 알 수 없었다고 한다. 밝은 미소에 예쁘게 한 화장까지, 오히려 기분 좋은 일이 있었나 보다 지레짐작했을 정도라고 한다. 알고 보니 친구는 힘든 상황 속에서도 무너져 내리지 않으려 더 신경 써서 화장한 것이었다.

그 이야기를 읽으며 나는 정말 강한 여자란 이런 사람을 말하는 거구나 생각했다.

가장 친한 친구가 항상 내게 말하곤 했다. "나는 외국에 나가 살고 싶어, 자유롭게 여러 나라를 다니는 승무원이 되려면 외국에 나가본 경험이 있어야 해"라고. 친구의 말을 들으며 내 가슴속엔 이유 모를 불꽃이 일었다.

나는 대학을 빨리 졸업하고 나서 바로 취업하려고 했다. 그래서인지 그 이전까지는 한 번도 외국에서 살아봐야겠다는 생각을 해본 적이 없었다. 그러다 친구의 말에 자극받곤 바로 미국에서 인턴 과정을 밟는 정부의 인턴십 프로그램에 도전했다. 갑작스러운 도전에 내 가슴은 뛰기 시작했다. 외국으로 나간다는 생각에 이유 모를 해방감도 느꼈다. 나는 더는 약을 먹지 않아도 아프지 않으리라 확신하며 비행기에 올랐다.

미국에 도착하자 막상 필요한 건 생활비였다. 그래서 학업과 병행할 수 있는 아르바이트를 구했다. 오전 아르바이트를 마치고 나면 오후에는 어학원으로 갔다. 인턴십에 합격하기까지 새로운 문화권에서 생활하며 신기하게도 내 몸은 점점 좋아졌다.

게다가 한국이라는 좁은 울타리 안에서만 살다 바깥으로 나오니 또 다른 세상이 보였다. 그곳 사람들 역시 모두 자신의 삶을 열심히 살아가고 있었다. 그러나 그들이 입는 옷, 화장법, 먹는 스타일, 생각하는 방식은 이전에 내가 만났던 사람들과는 달랐다. 그들은 자기 생각, 신체를 강하게 만드는 걸 더 중요시하는 듯 보였다. 운동을 열심히 하는 사람들, 다른 사람들 눈치 보지 않고 자기 생각을 명확하게 이야기하는 친구들이 많았다. 학교 앞 잔디밭이나 벤치에는 아무렇게나 걸터앉아 케밥을 먹거나 책을 보는 학생들로 붐볐다. 그 모습이 참 자유분방해 보였다.

인턴십을 마치고 한국에 돌아온 나는 원하던 대로 금융권에 취업했다. 회사 생활을 시작한 이후엔 오로지 아침부터 밤까지 일하고 잠만 자는 나날이 이어졌다. 생각이란 걸 할 수 있는 여유라곤 없었다.

처음에는 이런 생활에 적응하느라 바빴다. 그러다 정신을 차려보니 같은 말을 반복하고 있는 내가 보였다. 내 모습은 마치 '삐- 삐-' 소리를 내는 로봇처럼 무감각하고 경직되어 보였다. 정신없이 바쁜 업무에 제대로 밥을 먹을 수도 없었다. 화장실에 가는 것조차도 눈치가 보였다. 단 1분이라도 생각이라는 걸 하지 못하게 몰아대는 생활에 나는 그만 서글퍼졌다.

이대로는 안 되겠다 싶어 나는 다시 책을 보기 시작했다. 문제가 생기거나 힘들 때 습관처럼 책을 찾았듯이. 그렇게 우연히 집어 든 책 속에서 정보를 얻고서 나는 투자 강의를 듣게 되었다. 그리고 그 강사님이 한국책쓰기강사양성협회(이하 〈한책협〉)에서 책 쓰기를 배워 작가가 되었다는 사실을 알고 책 쓰기에 도전하게 되었다.

〈한책협〉에서 만난 김태광 작가님은 책 쓰기뿐만 아니라 의식 강의도 함께 하고 계셨다. 내게 인생을 바꿀 수 있는 의식 책들도 추천해주셨다. 나는 그 모든 걸 통해 내 마음이 지금껏 왜 그렇게 답답했는지 답을 얻을 수 있었다.

나는 여태껏 외부에 그 답이 있다고만 생각했다. 사람들의 말대로 좋은 대학에 가고, 좋은 직장에 들어가고, 행복한 가정을 꾸리는 게 최고의 행복인 줄로만 알았다. 그런데 이상하게도 좋은 성적을 받으면 받을수록 마음이 불안해졌다. 여자가 다니기 좋다는 직장에 들어가 괜찮은 월급을 받으면서도 마음은 항상 힘들었다. 계속 어딘가에 갇혀 있는 기분이었다. 내 마음은 자유를 갈망하느라 부산스러웠다. 나는 계속 무엇인가를 찾아 헤맸다. 그러던 내가 〈한책협〉에서 명쾌한 답을 찾아낸 것이다. 외부가 아닌 내면에 답이 있다는 사실을 말이다.

장녀인 나는 효도하려면 부모님 말씀을 잘 들어야 한다고 생각했다. 착한 학생이라면 선생님 말씀도 무조건 잘 들어야 한다고 생각했다. 외부 환경은 내가 바꿀 수 없는 것으로 믿었다. 그러니 상사의 말도, 고객의 소리도 귀 기울여 들어야 하는 대상이었다. 그럴수록 나는 지쳐가기만 했다. 그러다 의식 책을 통해 알게 된, 내 내면의 소리에 집중해 나를 알아가는 과정은 정말 나를 행복하게 했다.

나는 포근한 향이 돌고 따사로운 햇살이 비껴드는 창가에서 책을 보는 순간을 가장 좋아한다. 그러면서 나의 내면과 대화하는 그때, 나는 정말 행복감에 젖는다. 그런 기분을 강조해주듯 퐁퐁 샘솟는 아이디어는 덤이라고나 할까. 게다가 무엇이든 할 수 있다는 용기까지 치솟으니 일석삼조가 아니고 무엇이겠는가.

항상 나와 함께한 나의 근원, 나의 내면의 소리는 그동안 내가 말을 걸지 않아 답답했었나 보다. 지금 돌이켜보면 내가 온통 나의 외부에 신경 쓸 때 신은 나에게 시련을 주었다. 그런 시련들이 없었다면 답은커녕 아직도 답답한 마음을 부여안고 살아가고 있을 테지만 말이다.

　모든 답은 외부가 아닌 내면에 있다. 왜인지 모를 답답함, 불안감이 드는 건 나의 근원과 멀어지고 있다는 신호다. 그럴 때면 나는 다시 나를 찾으려고 의식 책을 본다. 그리고 내가 정말로 원하는 걸 상상한다. 한없이 기분 좋은 상상을 하고 나면 모든 것에 감사하는 마음이 슬며시 깃든다. 살아 숨 쉬는 이 순간 내가 할 수 있는 일들이 많다는 사실에 힘이 솟는다. 길을 잃지 않기 위해 항상 자신의 내면에 귀 기울여야 하는 이유다.

신은 우리가 춤추며
노래하길 원한다

스무 살에 나는 '나는 누구인가, 어떻게 살아야 하나' 하는 고민에 빠졌다. 그 시기 나는 《성경》을 봤다. 그중 나에게 가장 인상 깊었던 문구는 〈창세기〉에 나온, "신은 우리가 춤추며 노래하길 원한다"라는 것이었다. 처음 그 문장을 접하고 나는 정말 열심히 놀았다. 내가 즐거우면 신도 좋아하시는구나, 믿으면서 말이다. 그렇게 온통 '놀기'에 빠져 친구들과 어울리는 데만 집중했다. 당연히 학점은 최악이었다. 나는 뭔가 잘못되어가고 있음을 느끼기 시작했다.

나는 다시 공부와 경험을 쌓는 데 집중했다. 그러자 성적이 좋아져 장학금도 타고, 맡은 역할도 많아지게 되었다. 하지만 그만큼 생각하는 시간은 줄어들었다. 이성적인 판단이 비집고 들어오기 전, 아주 어렸을 적 나의 꿈은 시인, 만화가였다. 그만큼 상상하는 것을 좋아했다. 혼자만의 생각에 빠져있는 순간이 내겐 가장 행복했다.

그러다 친구들과 어울리거나 바깥 활동을 활발히 하면서 가만히 생각에 잠길 수 있는 나만의 시간이 줄어든 것이다. 지금 되짚어보면, 나의 시간이 줄어들었다는 생각이 들 때면 나는 차라리 고립을 선택했다. 밤에 혼자 자는 걸 무서워하면서도 나는 오롯이 생각에 잠길 수 있는 내 시간을 방해받는 것 또한 아주 힘들어했다.

그 당시 나는 자주 나를 주인공으로 한 시나리오들을 짜보곤 했다. 어떤 날은 달리기 선수가 되었다가, 어떤 날은 산악인이 되었다가, SF 영화를 찍거나, 노래와 춤 실력이 뛰어난 가수가 되기도 했다. 그렇게 나는 내가 원하는 모습으로 변신하며 시간 가는 줄 모르고 이야기를 만들어내곤 했었다.

중학교 때 시험 기간이면 나는 항상 소설책에 빠져들었다. 그 중에서도 드래곤이 나오거나 아주 오래전 시대를 배경으로 한 무협 소설을 좋아했다. 책 주인공들은 대부분 역경에 굴하지 않고 성공을 이루거나 동료들을 끝까지 지켜주는 멋진 사람들이었다. 가슴을 뛰게 하는 그런 이야기들이 나는 정말 좋았다.

학창시절에는 친구들이 나를 두고 4차원이라는 말을 자주 했었다. 처음에는 그 말을 대수롭지 않게 생각했다. 그런데 사회생활을 하면서도 주변 사람들로부터 계속 그 말을 듣게 되었다. 그러면서 내 마음은 점점 힘들어지기 시작했다. 나는 직장 생활 이야기나 연애 이야기, TV 프로그램 이야기들 따위엔 전혀 흥미를 느끼지 못한다. 게다가 관심 없는 이야기들에 맞장구치는 건 생각보다 에너지 소모가 크지 않은가.

내가 아이들과 함께 있는 시간을 좋아하는 이유는 단 하나다. 아이들은 현재 이 순간에 존재하기 때문이다. 지금 하는 재미있는 놀이, 이야기에 그대로 쏙 빠져든다. 어른들처럼 미래에 대한 걱정이나 불안은 전혀 아이들 관심의 대상이 아니다. 서로 상상 속 이야기를 마구 펼쳐 보이며 즐거워하는 게 아이들이다. 보이지 않는 존재와 실제처럼 대화하기도 하는 게 아이들이다.

그렇게 순수한 아이들과 있을 때면 나는 마음껏 웃고, 장난도 치며 그 순간을 온전히 만끽한다.

나는 지금 이 순간 나와 함께하는 사람을 마주할 때면 자주 이런 생각을 한다. '영원의 시간 속에서 지금 이 순간 함께하고 있으니 얼마나 소중한 만남인가. 그러니 지금 내 눈앞에 있는 사람은 나에게 가장 소중한 사람이다'라고 말이다. 그런데 같이 있는 시간이 길어질수록 나도 모르게 신이 나고, 에너지가 솟는 사람이 있고, 점점 눈앞이 침침해지는 사람이 있다. 이전에는 대수롭지 않게 생각한 부분인데, 이제는 정말 내게 사람을 보는 중요 포인트가 되었다.

나는 어떤 이야기를 할 때 가장 에너지가 솟는지 생각해봤다. 성장, 도전, 아름다움, 자연, 음악, 춤, 여행, 신, 우주, 의식, 책, 돈, 꿈, 재미, 기쁨 등을 이야기할 때 나는 신나고 들뜬다. 그리고 무엇인가 결과물을 만들어내는 과정에 함께 참여하는 것도 기껍다.

같은 곳에서 같은 물체를 봐도 우리는 모두 다르게 묘사한다. 우리는 각자의 우주 속에서 자신의 시나리오를 짜나가는 주인공이기 때문이다. 이렇게 생각하게 된 이후 나는 굳이 누군가를 설득하는 데 시간을 들이지 않게 되었다. 모든 게 자신의 삶에서 깨달음을 얻기 위해 겪는 일이기 때문이다.

이전 직장에서 모두가 나를 좋아하는 건 아니라는 사실에 충격을 받았었다. 나는 첫 직장에서 직속 선배와 갈등을 겪었다. 아무리 노력해도 그 사람과는 사이가 좋아지지 않았다. 처음부터 싸늘한 눈빛으로 나를 바라보던 그 사람은, 나에 대한 반감을 온몸으로 표현하곤 했다. 어색한 분위기를 깨보려고 내가 웃으라치면 왜 웃느냐고 딴지를 걸었고, 지점장님이나 다른 선배들이 없는 곳에선 끊임없이 내 잘못을 지적했다. 아침에 분명히 인사하고 탕비실에 들어가 옷을 갈아입었는데도 자신에게 인사하지 않았다고 트집을 잡았다. 항상 풀어서 내리던 머리를 하나로 묶어 단아해 보이고 이쁘다고 하면 이전에는 이상했냐는 식으로 꼬투리를 잡았다.

도무지 어떻게 해야 그 사람과 잘 지낼 수 있는지 몰라 편지도 써봤지만, 소용없었다. 신입사원이었던 나는 직속 선배인 그 사람과의 껄끄러운 관계로 인해 정말 힘든 시간을 보내야 했다. 그러다 모두가 나를 좋아할 수는 없다는 사실을 인정하고 받아들이게 되었다. 그리고 나자 오히려 마음이 편안해졌다.

이 경험은 나를 객관화해볼 수 있는 계기가 되었다. 이전까지는 잘 웃고 성격만 좋아 보이면 모두와 잘 지낼 수 있을 거라 착각했었다. 그러다 누구든 중요하게 여기는 가치가 다 다르고, 같은 것도 상황마다 다르게 받아들일 수 있다는 사실을 깨달은 것이다. 어차피 모두가 원하는 내가 될 수 없다는 사실 또한 깨달았다. 내가 원하는 나 자신을 계속 표현해 보는 것의 중요함도 깨닫게 되었다.

나는 지금껏 내가 원했던 대로 내 인생을 모두 살아봤다. 내 우주 속에서 나는 착한 딸이었고, 성적도 좋고 인기도 많은 학생이었고, 무엇이든 잘하는 사람이었다. 슬플 땐 한없이 슬퍼도 해봤고, 기쁠 땐 몸이 떨리도록 기쁜 감정도 느껴봤다. 눈부시

게 아름다운 풍경도 만끽했고, 매일 눈뜨면서 우주의 신비로움
도 느낄 줄 아는, 감성도 있다. 이렇듯 나는 내 주변 모든 것들
과 연결되어 있다.

내가 '신은 우리가 춤추며 노래하길 원한다'라는 《성경》 문장
에 이끌렸던 건, 어쩌면 나 자신이 원하는 삶의 방식이기 때문
일 것이다. 나는 아직도 모두가 자신이 원하는 환경과 상황 속에
서 서로 행복하게 웃으며 인사하고 안아주는 세상을 꿈꾼다. 누
군가가 슬퍼하면 그 슬픔에 동참해 극복하도록 도와주고, 눈빛
만으로도 가슴이 벅차오르도록 따뜻한 감정을 느끼는 세상 말이
다.

외국인들은 우리나라 사람들에게서 친절하다는 인상을 받는
다고 한다. 한국 사람들이 자신들의 인사를 잘 받아주기 때문이
란다. 반면 우리는 우리의 이웃을 만나면 인사조차 잘 건네지 않
는다. 도시 사람들은 모두 자신의 갈 길을 가느라 바쁘다. 이런
우리가 서로서로 존재를 축복해주고 기쁨으로 바라보려면 무엇
을 알아야 할까.

3D 프린터 기술에 대해 처음 들었을 때 난 정말 놀랐다. 내
집 안에서 내가 원하는 물건들을 모두 만들 수 있는 기술이라고
생각했기 때문이다. 신발, 옷, 화장품 등 원하는 물건을 척척 만
들어주는 만능박사 말이다. 우리가 모두 이런 3D 프린터, 요술

램프를 하나씩 가지고 있다면 지금처럼 심한 경쟁은 사회에 발붙이지 못할 것 같았다.

여기에서 우리가 알아야 할 엄청난 사실이 있다. 우리가 이미 이런 요술램프를 가지고 있다는 것 말이다. 원하는 걸 모두 만들 수 있는 능력이 우리에게 있는 것이다. 바로 우리의 의식이다. 그런 능력이 있음을 잊어버리고 한계 짓기를 시작하며 다른 이의 것을 빼앗거나 훔치면서 세상이 변한 것이다.

우리가 모두 내면의식, 신, 근원을 기억해내고 자신이 원하는 걸 뚝딱 만들어낼 수 있는 세상에서 살게 된다면, 나는 정말 사람들과 어울려 무엇을 하고 싶을까? 나는 여전히 사람들과 함께 노래하고 춤추고 싶다. 웃음 띤 얼굴로 서로를 바라보며 사랑의 감정을 느끼는 것. 이보다 더 행복한 순간이 또 어디 있겠는가.

권
은
겸

시련의 끝에서
찾은 꿈

권은겸

《독설 2》에서 저자 김태광 대표님은 이렇게 말한다.

"의식성장에 힘써라! 의식성장을 이루어 의식 수준이 높아지게 하라. 그러면 바라는 것들이 단기간에 실현될 것이다. 의식성장이 되기 전과 의식성장이 된 후는 하늘과 땅 차이다."

내가 이 사실을 깨닫기까진 정말 많은 시간이 걸렸다. 나는 가난한 집, 3남 2녀 중 막내로 태어났고, 그다음 해에 아버지를 여의었다. 어린 시절엔 둘째 오빠에게 적잖은 폭력을 당하며 자랐다. 내 가슴속엔 분노와 두려움이 차곡차곡 쌓여 만들어진 상처가 지옥처럼 입을 벌리고 있었다. 그토록 받고 싶어 했던 어머니의 사랑마저도 사치였다는 걸 알게 되면서 외로움은 더 커져만 갔다.

가난은 내 나이 열네 살 때 어머니마저 저세상으로 데려갔다. 게다가 유전적인 청각장애로 인해 내 사춘기는 걷잡을 수 없는 방황으로 점철되었다.

나는 낮에는 일하고 밤에는 공부하며 10대 시절을 보냈다. 그렇게 고등학교를 졸업하고 나서 사회생활을 시작했다. 하지만 청각장애가 있는 나를 사회는 곱게 봐주질 않았다. 이방인 취급하는 사람들 때문에 마음의 상처는 커져만 갔다. 나는 장애가 발목을 잡는 내 삶이 너무나 싫었다. 세상을 원망하고 돌아가신 부모님을 원망했다. 그런다고 삶이 달라지지는 않았지만 말이다.

사람들이 주는 상처에 치이며 방황하던 나는 종교에 의지하기 시작했다. 내가 처음 받아들인 종교는 기독교였다. 하지만 하나님도 내 삭막한 마음을 어루만져주지는 못했다. 하나님을 믿는다는 사람들이 되려 나를 아프게 했다.

힘들고 외로운 삶에 지친 나는 안정적인 생활을 하고 싶어 서둘러 결혼했다. 시부모님을 모시고 아이를 키우며 정신없이 결혼 생활을 해나갔다. 삶은 원래 고통스러운 거라고 자위하며 행복하지 못한 결혼 생활을 애써 괜찮은 척 꾸미곤 했다.

종교를 불교로 바꾸면 교회에서 받은 마음의 상처를 위로받을까 싶었다. 나는 또다시 종교에 마음을 의지하며 부처님을 믿기 시작했다. 어쩌면 부처님에게 내 힘든 삶의 원인인 장애를 고쳐 달라고 기도하고 싶었던 것 같다. 장애인으로서 살아가는 삶이 힘들다 못해 죽고 싶을 때가 많았던 탓이다.

내 마음이 행복하지 않으니 삶이 즐겁지 않았고 무기력해질 때가 많았다. 만사가 귀찮고 우울한 날들이 많았다. 조금의 희망이라도 건지려고 종교를 바꾸기까지 했지만, 부처님을 모시는 절도 내 마음을 달래주지 못했다. 나는 아이들을 키우는 데 마음을 쏟으며 겨우겨우 삶을 이어갔다. 그러다 40대가 된 나는 돈에 집착하기 시작했다. 외롭고 공허한 마음을 이기지 못하고 남편 몰래 거금을 투자했다가 다 잃기도 했다. 그렇게 몸도 마음도 병들어갔다.

그 와중에 이러다 죽을지도 모른다는 두려움 때문이었는지, 나를 찾고 싶은 욕망 때문이었는지 경기도에 있는 불교선원을 다니며 마음공부를 시작하게 되었다. 그곳에서 처음 감정에 대해 알게 되었고, 나는 나를 알아가는 여정을 시작했다.

하지만 그 공부를 시작으로 난 또 한 번 전 재산을 날리며 이혼녀가 되고 말았다. 갈수록 인생의 밑바닥으로 추락하던 나는 이젠 죽어야겠다고 결심하게 되었다. 미련 없이 이혼 도장을 찍고 어떻게 죽을까만 골똘히 생각했다.

여러 죽을 방법을 고민하다, 이렇게 죽을 바에는 내가 해보고 싶은 일이나 실컷 하고 죽어야겠다는 생각이 들었다. 그동안의 내 삶이 너무나 억울하고 분하다는 생각이 목구멍까지 치밀어 올라왔기 때문이다. 적어도 눈을 감는 순간에 삶에 대한 미련이나 후회는 없어야 할 것 같았기 때문이다.

그때부터 나는 나에게 간절히 묻기 시작했다. 죽기 전에 하고 싶은 일이 무엇인지. 배운 지식도 없고 이제 돈은 더더욱 없는 인생이었다. 빚더미에 올라앉은 데다 청각장애까지 있는 장애인일 뿐. 그래도 내가 하고 싶은 일, 좋아하는 일이 있을 거라고 믿었다. 나 자신에게 묻고 답하고, 또 묻고 답하기를 얼마나 되풀이했는지 모른다. 하얀 도화지에는 내가 써 내려간 글자들만 여기저기 널브러져 내 아픔을 대변해주고 있었다.

모든 답은 자기 자신 안에 있다는 말이 있다. 삶의 어떤 문제라도 답을 찾고자 할 때는 외부가 아니라 자기 안에서 찾으라는 말 아니겠는가. 나는 도화지 위에 널브러져 있는 글자들 속에서 책을 쓰고 싶다는 말을 보게 되었다. 그 말이 내 가슴속 무언가를 툭 건드렸다. 그 말 외에 내 눈길을 사로잡은 또 한 가지는 강연가가 되고 싶다는 말이었다. 이 소망은 수많은 사람 앞에서 강연하는 내 모습을 생생하게 느끼게 해주었다. 이런 모습이 글로 표현하기 훨씬 이전부터 내 마음속에 깊은 소망으로 자리 잡아 온 듯했다. 문제는 내가 무엇을 주제로 사람들 앞에서 강연할 수 있는가였다. 나는 나 자신에게 이렇게 묻고 또 물었다.

'은겸아, 너 대체 무슨 생각을 하는 거야? 넌 배운 지식도 없거니와 장애까지 있잖아. 그렇다고 성공한 사람도 아니고. 아무것도 아닌 네가 무슨 자격으로 사람들 앞에서 강연하겠다는 거야?'

맞는 말이었다. 그래도 나는 지치지도 않고 그런 내 모습을 계속 상상했다. 그러곤 나 자신에게 '그래 이건 어디까지나 상상일 뿐이야. 현실에서 일어날 일 없는 이런 상상이라도 하니 기분은 좋잖아. 즐겁게 상상하자'라고 속살거렸다.

이렇게 책을 쓰고 싶다는 욕망과 오래전부터 상상해 온 강연가의 꿈을 다시 떠올리던 시점이었다. 우주는 정말 드라마틱하게 책을 쓸 수 있는 상황을 내게 만들어주었다. 마치 퍼즐 맞추기를 하듯 말이다. 나는 이게 내 삶의 마지막 기회임을 단번에 알아차렸다. 당연히 이 기회를 잡아야겠다고 생각했다. 내게 있는 건 오로지 용기뿐이었다. 나는 내 꿈을 행동으로 옮기는 데 따르는 두려움을 이겨내야만 했다. 앞으로 한 발짝 내디딜 수 있도록.

　나는 훌륭한 멘토를 만난다는 게 하늘의 별 따기만큼이나 어렵다는 걸 알았다. 그래서 그런 말이 생겨났는지도 모르겠다. 사람으로 태어나는 것도 힘든 일이지만, 신을 만난다는 것은 더 어려운 일이고, 더군다나 신의 존재를 일깨워주는 선지식을 만난다는 건 더더욱 어려운 일이라는 말 말이다. 한마디로 올바른 멘토를 만나는 건 하늘의 별 따기처럼 어려운 일이라는 뜻 아니겠는가.

　난 내 삶의 목적을 알려줄 멘토를 찾아 헤맸다. 하지만 나와는 인연이 아닌지 찾았다고 들떠 따르다 보면 오히려 상처만 받는 일이 비일비재했다. 그렇게 내 삶이 추락만 거듭하던 때, 나는 내 안의 신성을 향해 소리 없이 외쳤다. 내 꿈을 이뤄달라고. 그렇게 내 꿈을 이뤄줄 존재를 만났을 때 나는 가슴속으로 이렇게 외쳤다. "유레카!"

　나는 〈한책협〉의 김태광 대표님을 찾아갔다. 처음엔 단순히 책 쓰기만 가르치는 곳인 줄 알고 찾아갔었다. 그곳이 책 쓰기만 가르치는 곳이 아닌, 진짜 내가 찾아 헤매던 곳이라는 걸 단번에 알아챘지만 말이다. 그래서 나도 모르게 "유레카!"라고 외쳤던 것이었다. 나는 정말 그곳에서 나를 다시 알게 되는 소중한 기회를 얻게 되었다.

그동안 나를 찾았다고 믿은 건 반쪽 믿음이었다는 걸 알게 되었다. 〈한책협〉은 나를 온전히 찾게 해주었다. 너무나 행복했다. 처음에는 두려움 속에 책을 쓰기 시작했다. 그러다 점점 행복한 마음으로 글을 써 내려가는 나를 발견하게 되었다. 그렇게 책을 다 쓴 시점에 나는 내가 엄청나게 달라져 있음을 깨달았다. 어떻게 이런 일이 일어날 수 있는지! 신기하기만 했다.

책을 쓰면서 나는 내 안에 농축되어 있던 감정과 또 한 번 만나게 되었다. 나를 찾아가는 여행 중 나는 몰랐던 나를 만났다. 그리고 또다시 나를 알아가는 과정에서 그동안 내가 나를 너무 과소평가해왔다는 걸 알았다. 온통 부정적 생각에만 갇혀 살아왔다는 것도 깨달았다.

우리가 알지 못하는 카르마들이 우리 생에 겹겹이 쌓여 있다는 가르침을 얻은 셈이었다.

"의식이 모든 것을 다 한다. 끝에서 시작하라."

나는 김태광 대표님으로부터 이 말을 듣고 굉장히 충격을 받았다. 그동안 여러 책에서 잠재의식 무의식 표면의식 등 많은 말을 접했어도 충격까지 받지는 않았었다. 하지만 이 말은 이상하게도 내 가슴을 울리며 심오한 느낌을 주었다. 의식을 높여야만 내가 원하는 것이 내게로 온다는 그 말. 그건 바로 끌어당김의 법칙이었고, 또 의식을 높여야 한다는 명제에 당위성을 부여해주는 말이었다.

하지만 무조건 의식을 높여야 한다고 하면 사람들은 무슨 말인지 잘 이해하지 못한다. 그 점을 놓칠세라 의식이 무엇인지 왜 높여야 하는지 대표님은 자세히 설명해주셨다. 대표님은 너무나 많은 영적 차원의 비밀을 알고 계셨고, 나는 대표님에게 의식에 관한 모든 설명을 들었다. 그동안 힘들었던 내 삶이 모두 내 의식에 따라 벌어진 일이었음을 깨닫고 경악을 감추지 못했음은 물론이다.

그 깨달음을 통해 나는 내가 장애를 갖고 태어난 이유와 지구별에 온 이유까지 자세히 알게 되었다. 그럼으로써 이제 내 삶은 고통이 아닌 기쁨과 환희와 충만함으로 가득 차게 되었다.

그동안 끌어당김의 법칙에서는 이렇게 말해 왔다. 무조건 긍정적인 생각, 기쁜 감정, 기분 좋은 느낌을 가지라고 말이다. 하지만 사람들이 따라 해본들 그대로 되지 않기 일쑤였다. 그 이유를 알지도 못했다. 나 또한 그 말들을 따라 했다가 외려 더 안 좋은 상황에 빠진 일이 많았다. 그러니 무슨 일이든 우리는 정확한 이유를 알고 행해야 한다. 그래야 내 의식 수준을 높일 수 있고 앞으로 나아갈 수 있는 용기도 얻을 수 있을 테니.

삶이 전개되는 분명한 원인을 알고 나니, 지구별에 온 내 소명과 내 일을 통해 많은 사람에게 선한 영향력을 주는 사람이 되고 싶었다. 그렇게 살다가 가는 게 삶의 마지막을 진정 행복하게 마무리하는 방법이라고 생각했다. 우리는 각자 너무나 소중한 존재들이다. 이 사실을 분명히 안다면 이제 내가 누구인지 들여다볼 필요가 있다. 그러려면 누구에게나 있는 의식의 수준을 높이는 일에 동참해야 할 것이다.

나는 책을 펴내어 작가가 되고 나서 많은 사람에게 위로와 감동과 희망을 주는 강연가가 되려고 한다. 모든 사람의 삶에 따뜻한 격려와 동기를 부여함으로써 그들의 의식이 아름답게 깨어나게 하고 싶다. 그렇게 사랑이 충만한 사람이 되리라 다짐해본다.

감정의 노예에서 벗어나
의식을 높이다

"대도에는 문이 없어 온 천지가 길이다. 이 관문을 뚫으면 천하를 활보한다."

내가 불교에 귀의해 마음공부를 하면서 읽었던 글귀다. 처음 이 글을 접했을 땐 도무지 무슨 말인지 알 수 없었다. 그래서 더욱 알고 싶었다. 그냥 단순히 호기심에 알고 싶은 것이 아니라 목숨 걸고 알고 싶었다. 왜냐하면, 가난한 집에 청각장애를 안고 태어난 내가 너무 싫었기 때문이다. 불교에서 말하는 '견성(見性)'을 너무도 하고 싶었다. 견성하면 내가 원하는 모든 걸 다 이룰 수 있고 다음 생에는 윤회가 없다고 했기 때문이다. 지옥 같은 지구로 다시는 오고 싶지 않았기 때문이다. 그러려면 이번 생에 무슨 일이 있어도 견성해야만 하는 나에겐 목숨을 걸 만큼 절실한 화두였다. 흔히 말하듯 필이 꽂혔던 셈이다.

나는 견성했다는 과거 스님들 책도 찾아보고 견성을 경험한 글들도 여러 번 읽어봤다. 그렇게 나름대로 열심히 공부하던 중 유독 내 마음을 사로잡은 견성 체험 글이 눈에 들어왔다. 야마다 고운 젠신(山田耕雲)이라는 일본 노사의 글이었다. 이분은 좌선한 지 7년 만에 본인의 마음을 보는 견성을 했다고 한다.

"마음이란 다름 아닌 산과 강과 대지, 해와 달과 별들이란 사실을 나는 분명히 깨닫게 되었다."

이 글은 겐로쿠 시대(1688~1703) 센다이에 살았던 조동선의 선사 손오가 쓴 글인데, 이 글을 보고 노사가 견성한 것이다. 그는 너무 기뻤지만, 전차 안이라 남들이 볼까 봐 조용히 눈물만 훔쳤다고 한다. 몸도 마음도 너무나 가벼워 전차에서 내렸을 땐 마치 하늘 끝까지라도 올라갈 것 같은 기분이었다고 한다.

그러곤 그날 밤 잠들었다 한밤중에 깨어났는데, 잠시 마음이 안개 낀 듯 흐릿했다고 한다. 그때 그 구절이 불현듯 그의 의식 속에 떠올랐고.

"마음이란 다름 아닌 산과 강과 대지, 해와 달과 별들이란 사실을 나는 분명히 깨닫게 되었다."

계속해서 그 말을 되뇌던 중 그는 돌연 번갯불에 맞은 듯한 느낌을 받는다. 다음 순간에는 하늘과 땅이 와르르 무너져 사라진 듯했고. 동시에 파도가 밀려오듯 엄청난 희열이 허리케인처럼 그의 속에서 솟구쳐 올랐다. 그는 큰 소리로 미친 듯이 웃어댔다.

"하, 하, 하, 하, 하, 하! 여긴 이치를 따질 게 없구나, 생각할 게 전혀 없어! 하, 하, 하!"

그렇게 허공이 둘로 쪼개지자, 그는 그 큰 입을 벌려 껄껄 웃기 시작했다. 그러곤 갑자기 일어나 있는 힘껏 침상을 내려치고 박살을 내버릴 듯 발로 바닥을 쳤다. 내내 격렬하게 웃으면서. 그는 그 사실을 옆에 있던 놀란 아내가 나중에 말해줄 때까지 몰랐다고 한다. 옆에 있던 아들 역시 아버지가 미쳐버렸다고 생각했다 한다. 나중에 그 말을 들은 그는 이 견성을 며칠, 몇 주, 몇 년, 또는 몇 생애 동안 말하지 말라고, 수십만, 수백만 겁 동안 말하지 말라고, 무한한, 한량없는, 헤아릴 수 없는 세월이 걸릴 지라도 자신이 얻은 이 깨달음을 말하지 말 것을 서원하라고 그들에게 말했다고 한다.

나는 이 글을 기차 안에서 읽었다. 수련원에서 공부를 마치고 집으로 돌아오는 길이었다. 이 글을 읽는 순간 나 역시 눈물을 하염없이 흘렸던 기억이 난다. 지금 생각해보면 내 안의 또 다른 존재가 제발 나를 찾아달라는 신호였던 것 같다. 자신을 찾으면 이렇게 뜨거운 눈물이 날 만큼, 마치 모든 것을 다 알게 된다는 걸 알려주려는 게 아니었나 싶다. 아직도 그때의 기억과 눈물을 떠올리면 가슴이 뭉클해온다.

나는 더 심도 있는 공부를 해보고 싶은 마음에 열심히 법회에 참석했다. 그 덕분에 신도에서 수련생으로 한 단계 올라서게 되었다. 수련생으로서 한 단계 높은 공부를 한다는 생각에 기분이 좋아 밤잠을 설쳤던 기억이 난다.

하지만 나는 수련원의 여자 스님으로부터 충격적인 말을 듣게 된다. 수련생들이 마친 공부 뒷정리를 내가 맡아서 하게 된 날이었다. 마지막 정리를 하고 난 후 난 스님에게 이제 막 공부에 들어선 병아리 수련생이니 잘 부탁드린다고 말했다. 그때 스님께서는 온화한 표정으로 이렇게 말씀하셨다.

"이렇게까지 공부가 안 되어 있는 사람을 여기 수련원으로 보낸 것인가?"

나를 보낸 제자 스님을 나무라는 듯한 얼굴로 하신 말씀이다.

순간, 잘못 들었나 싶을 정도로 내 다리가 후들거렸다. 왜냐하면, 그때만 해도 나는 제법 공부에 열의를 가지고 있었고, 나를 수련원으로 높여 보낸 스님도 부처님을 믿는 내 신심이 다른 신도보다 위라며 적극적으로 칭찬했기 때문이다. 이런 나를 공부가 안 되어 있는 사람이라고 말씀하신 것이다. 너무 충격을 받은 나는 그날 정말 많이 울었다.

그날부터 나는 더욱 마음공부에 매진했다. 적어도 공부가 안 되어 있는 사람이라는 말은 듣기 싫었기 때문이다. 하지만 들리지 않는 청각으로 공부하려니 너무 힘들었다. 지금 돌이켜보면 그때만 해도 나는 여전히 나를 부정하고 있었음을 깨닫는다. 안 들리는 공부 내용을 소신 있게 안 들린다고 말하지 못했으니까. 그저 못 듣는 나를 그냥 알아주길 바랐던 것 같다. 그렇게 1년간 수련원에서 공부했지만, 나는 3명만 승급하는 수행자 반열에 오르지 못했다. 수행자로 승급하지 못하고 다시 신도가 되어 수련원을 떠나오던 날, 여자 스님은 내게 이렇게 말씀하셨다.

"권 보살님! 자신과 많은 대화를 하세요. 그리고 꼭 공부가 되어 다시 수련원으로 왔으면 좋겠습니다."

그때는 그 말이 무슨 말인지 몰랐다. 나와 무슨 대화를 하라는 것인지…. 그래도 다시 수련원으로 왔으면 좋겠다는 스님 말씀에 그렇게 하리라 마음먹었던 것 같다. 꼭 다시 공부해서 수행자가 되리라 큰마음 먹고 신도 신분으로 공부를 이어나갔다.

하지만 하늘은 나에게 더는 공부할 수 있는 여건을 허락하지 않았다. 가족은 해체되고 돈은 낙엽처럼 날아갔다. 그것도 부족해 억대 빚잔치를 벌여야 할 판이었다. 더군다나 공부를 가르쳐 주던 수련원 여자 스님의 제자 스님이 큰 잘못을 해 쫓겨나는 상황에까지 이르렀다. 나는 또 한 번 큰 충격을 받게 된다.

나는 커다란 딜레마에 빠졌다. 그동안 헛공부했다며 빈털터리가 된 나를 스스로 질책하곤 했다. 7년이란 세월을 오로지 견성해서 내 마음을 보겠다고, 그렇게 해서 윤회를 끊겠다고 마음먹었었다. 그게 다 부질없는 헛공부였다는 생각에 너무나 화가 나고 분했다. 나는 나를 덮친 그 감정에 빠져 허우적거렸다. 한동안 나는 나 자신에게 이렇게 따져 묻곤 했다. '네가 그렇게 해 보고 싶어 했던 공부가 겨우 이런 거였냐? 제발 정신 좀 차려라. 남들 보기에 창피하지도 않냐?'라고.

하지만 나는 그때 깨닫게 되었다. 예전 수련원 여자 스님께서 내게 공부가 전혀 안 되어 있다고 하며 자신과 많이 대화하라고 한 말의 뜻을 말이다. 내 안의 온갖 부정적인 감정들이 나를 지배하고 있음을 깨달은 것이다.

있는 걸 다 잃고 나서 깨닫게 된 셈이다. 그동안 공부 좀 했다고, 그리고 그 공부를 안다고 한 건 완전히 자만이었다. 오로지 아는 척했을 뿐이었다. 그때 솔직하지 못한 나 자신을 보며 나는 또 한 번 깜짝 놀랐었다. 나는 내 안에 잠재하고 있는 엄청난 두려움 때문에 나를 믿지 못하는 불신에 빠져 있었다는 걸 알게 되었다. 그 두려운 마음을 인정하지조차 않고 있었다는 것도. 내 안의 두려운 감정이 너무 두려워서 죽을 것만 같다고 외치는 소리를 내가 철저히 외면하고 있었다는 것도. 현실 속에서 두려움을 마주하고 나서 저절로 깨닫게 된 것이다.

나는 오열했다. 그러곤 내 안의 두려운 감정이 듣고 싶어 했던 말을 그대로 해줬다. 미안한 마음이 올라왔다. 얼마나 무섭고 두려웠을까, 싶었다. 그 두려움도 내가 만든 건데, 마치 타인이 또는 환경이 만들어준 것처럼 쳐다보기조차 싫어했으니. 너무나 많은 감정을 억압해온 나는 나와의 내화를 통해 내면에 쌓인 그 감정들을 풀어야 했다. 그건 자신과 대화하는 일종의 감정 정화였다. 수련원 여자 스님은 내 안의 그런 온갖 부정의 감정을 꿰뚫어본 것이었다. 그래서 공부가 전혀 안 되어 있다고 한 것이었다.

나는 한참 현실 속 풍파를 겪고 나서야 그 말뜻을 알게 된 셈이다. 한편, 이는 나를 새롭게 보는 계기가 되기도 했다. 내 공부가 진정 헛공부가 아니었다는 걸 진심으로 알게 된 것이다.

나는 이 땅에 온 내 소명을 알게 해주시면 기꺼이 따르겠다고 내 안의 신에게 요청했다. 왜냐하면, 내게 다음 생은 결단코 오지 않았으면 하는 마음은 변함없었기 때문이다. 진심이 통했는지, 우연을 가장한 필연이었는지 나는 그토록 하고 싶었던 견성 공부를 이어갈 수 있는 훌륭한 멘토를 만나게 된다. 바로 〈한책협〉 김태광 대표님이다. 처음에는 이분과의 만남이 우연 같았다. 하지만 갈수록 필연이었다는 걸 느끼게 된다. 내가 그토록 이루고 싶었던 견성이 바로 의식이었다는 걸 깨닫게 되었으니까.

김태광 대표님은 《성경 수업》에서 이렇게 말한다.

"너희에게 아직 빛이 있을 동안에 빛을 믿으라 그리하면 빛의 아들이 되리라."〈요 12 : 36〉

여기서 '아직 빛이 있을 동안'이라는 말뜻은 육신의 옷을 입고 있는 동안을 말한다. 하나님은 빛이시고 우리는 그분의 아들이다. 이 진리를 잊지 않는다면 육신의 몸을 입고 있는 지금 당장 빛의 아들임을 자각하게 될 것이다. 사실 우리는 한순간도 빛의 아들이 아닌 적이 없었으니까.

　나는 '빛'이라는 글자에서 부정으로 똘똘 뭉쳐 있던 내 안의 어둠이 한순간에 빛으로 인해 정화되는 느낌을 경험했다. 하나님의 빛의 사랑은 실로 위대했다. 하나님은 나 자신이 진정 하나님이 되길 원하신다는 걸 깨달았다. 그렇게 될 때 나는 더 높은 차원으로 연결되는 영적 성장과 의식성장을 이루게 된다는 것도. 모든 사람의 의식이 이처럼 높아질 수 있음도 믿게 되었다.

　"대도에는 문이 없어 온 천지가 길이다. 이 관문을 뚫으면 천하를 활보한다."

　나는 내 안의 모든 감정의 노예 상태에서 벗어났다. 그리고 의식을 높여 감정의 주인이 됨으로써 빛의 자녀가 되었다. 이 세상 모든 만물이 나였고 또한 내가 모든 만물이었다는 것도 알게 되었다. 의식을 높일 때 신과의 소통이 가능할뿐더러 우리의 소망도 이루어진다는 걸 알았다. 나는 나를 믿는 사람이 되었다. 지금도 나의 영적 성장과 의식성장은 계속 진행되고 있다.

김봉선

다섯 번의
운명적인 만남

김봉선

김태광 대표님과 운명적으로 만나기까지 나는 다섯 번의 만남을 거쳤다. 다섯 번의 이 만남은 나에게 커다란 변화를 가져다주었다. 이 과정은 '끝에서 시작하라'는 말을 조금씩 인식하고 깨닫는 계기가 되었다. 그 다섯 번의 만남은 다음과 같다.

첫 번째, 책으로써 만난 만남이다.
두 번째, 편지로써 만난 만남이다.
세 번째, 카카오톡 문자 메시지로써 만난 만남이다.
네 번째, 실제로 대면하고 만난 만남이다.
다섯 번째, 영적인 만남이다.

먼저 첫 번째, 책으로써 만난 만남. 2023년 6월 3일 새벽 5시, 일어나서 다음과 같은 감사 일기를 썼다.

"오늘은 내 인생의 가장 역사적인 날입니다."

오늘을 시작하지도 않았는데, 일기장에 이렇게 쓴 것이다. 그때 글쓰기에 관한 책을 읽고 싶다는 생각이 강하게 들었다. 내 마음을 읽은 듯 출근 전 한 권의 책이 눈에 들어왔다. 바로 김태광 작가님의 《마흔, 당신의 책을 써라》라는 책이었다.

이 책은 3년 전에 구매한 것이다. 그때는 사두기만 했지 읽지는 않았던 책이었다. 그런데 그날 아침 문득 이 책에 손이 간 것이다. 이는 운명적인 만남의 시작이었다. 나는 아침 출근길 차 안에서 이 책을 읽기 시작했다. 이 책은 머뭇거리고 주저하고 망설이던 나를 완전히 흔들어 놓았다. 잊고 있던 내 꿈을 소환해주었다. 10년 전부터 나는 일기장에 '나의 책을 쓴다. 나의 책을 쓴다. 반드시 나의 책을 100권 이상 쓴다'라고 확언하고 기록해왔다. 이 책이 그 글을 생각나게 해준 것이다.

이 책을 처음 접했을 때, 나는 이분은 도대체 어떤 분이시길래 책 쓰기에 대한 자신의 노하우를 이렇게 자세히 밝히셨을까, 놀랍기만 했었다. 이 작가님을 한번 만나보고 싶다는 생각이 강하게 들었었고. 나는 직장의 옆 동료에게 김태광 작가님을 꼭 만나고 싶다는 내 마음을 털어놓았다. 그리고 이 책을 읽고 난 후의 감사한 마음을 너무나 전하고 싶어 편지를 쓰게 되었다. 이것이 두 번째 만남이다.

두 번째, 편지로써 만난 만남. 2023년 6월 9일 새벽 5시 30분이었다.

"김태광 작가님께 고마운 마음을 전하고 싶습니다. 왜냐하면, 저에게 글을 쓸 수 있게 힘과 용기를 주는 말로 자극을 주셨기 때문입니다. 다음과 같은 멋진 책이 저에게 강력한 동기부여가 되었습니다. 《마흔, 당신의 책을 써라》라는 책을 통해 작가님이 바로 옆에서 저에게 온 힘을 다해 큰 소리로 강력한 에너지를 보내시는 것을 느꼈습니다."

이 책의 내용 중 내가 격려를 받은 말은 "꾸준히 책을 읽고 글을 쓰다 보면, 글 쓰는 능력은 무조건 향상하게 되어 있다"라는 구절이었다. 이 말은 나에게 '나도 쓸 수 있겠네, 나도 내 책을 쓸 수 있겠구나'라는 마음을 먹게 해주었다.

마음에 와닿았던 구절 중 또 하나는 "비결은, 닥치고 징징대지 말고 일단 쓰는 것이다"라는 구절이었다. 나는 이 말도 너무 좋았다. 핑계는 다 소용없는 짓이니까. 한편, "자신이 평범하다고 생각한다면 당신은 무조건 책을 써야 한다"라는 구절은 완전히 나를 녹다운시켰다. '정말 그래. 나는 평범하고도 평범한 사람이니까 무조건 책을 써야겠구나'라고 마음먹게 했으니까.

책을 쓰는 것은 해도 되고 안 해도 되는 문제가 아니다. 무조건 도전해야 하는 일이다. 내가 할 수 있는 유일한 일이기도 하다. 선택이 아니라 필수다. 운명처럼 정해진, 내가 가야 할 길이라는 생각이 강하게 들 만큼.

작가님이 말씀하신 것처럼 주저하거나 머뭇거릴 시간이, 생각할 자유가 내게는 없다. 부정의 사고 감옥에 더는 갇혀 있을 시간이 없다. 그런 걸 생각하는 것 자체가 나에겐 사치다. 그냥 걸어가야 한다. 무조건이다. 한 걸음 한 걸음 앞으로 나아가야 한다. 뒷길도 없어졌고 디딜 땅도 이젠 없다. 앞만 보고 한 걸음씩 옮겨야만 한다. 나는 이제 긍정의 사고를 통해 해방되었다. 이 길에서 즐기기만 하면, 누리기만 하면 된다.

'아! 이제 신나게 놀아보자. 신명 나게 한번 놀아보는 것이다. 이것이 내게 주어진 내 인생길이다.'

세 번째, 카카오톡 문자 메시지로써 만난 만남. 2023년 6월 18일 오후 12시 48분이었다.

너무 행복하고 좋았지만, 아직 어떤 일도 일어나지 않았다.

꼭 한번 연락해보고 싶은 생각이 들었다. 용기 내어 김태광 작가님에게 저작권 문제로 상의할 게 있다고 카카오톡 문자 메시지를 보냈다. 거절의 문자 메시지가 왔다. 나는 다시 장문의 문자 메시지를 보냈다. 내 소개와 함께 책을 쓰고 싶다는 내용을 담아. 작가님으로부터 또다시 거절 문자 메시지가 왔다.

세 번째 만남을 시도하며 거절당하는 느낌이 어떤 것인지 맛봤다. '이런 느낌이 사람의 힘을 빠지게 하고 에너지와 감사의 감정을 사라지게 하는구나!'라고 깨달았다. 거절당하는 순간 풍선의 바람이 빠지는 것처럼 힘이 쭉 빠졌다.

그러다 작가님은 500번 넘게 출판사로부터 원고를 거절당했다는 말이 생각났다. 나는 다시 힘을 냈다.

네 번째, 실제 대면함으로써 만난 만남. 2023년 6월 22일이었다.

하루 전날인 2023년 6월 21일 오후에 〈한책협〉에서 일하시는 주이슬 코치님에게서 전화가 왔다. 그 전화를 받는 순간, '아, 끝나지 않았구나! 아주 완전히 끝난 게 아니구나! 간절하면 통하는구나!'라는 감사의 마음이 물 밀듯 밀려왔다. 다시 관계가 맺어졌음을 깊이 느꼈다.

주이슬 코치님은 〈한책협〉 김태광 대표님이 나와 문자 메시지를 주고받으신 후 내가 특별한 분이다, 꼭 먼저 연락해보라고 하셨다고 했다. 주이슬 코치님은 두 분의 마음이 서로 통한 것 같다는 말씀을 해주셨다. 나는 영적으로 통했다고까지 느꼈다. 보이지 않는 힘이 우리를 다시 만나게 했다는 걸 깨달았다. 진심으로 감사했다. 2023년 6월 22일 오후 1시 일대일 컨설팅을 받기로 약속했다.

드디어 김태광 대표님과 대면하게 되었다. 대화를 나누다가 나는 며칠 전 대표님에게 카카오톡 문자 메시지를 보냈다고 말씀드렸다. 그것을 확인하시더니, 그럼 오늘 만나기로 한 분이 아니신데요, 하셨다.

기적 같은 일이 일어난 것이었다. 원래 만나기로 한 사람은 내가 아니라 다른 사람이었다는 것이다. 스태프의 실수로 나에게 전화가 연결되었고 운명적인 만남이 이루어진 것이었다. 놀랍고도 감사한 마음이었다. 만약 스태프의 실수가 없었다면 내가 지금 이 자리에 앉아 있을 수도 없었다는 걸 알게 되었으니까.

대표님은 "이 만남은 하늘도 막을 수 없는 것입니다. 내가 거절한 사람이 떡하니 내 앞에 앉아 있는데 누가 이 만남을 막을 수 있겠습니까? 우주의 기운이 강하게 서로를 끌어당겼기 때문에 만날 수 있었습니다. 우리 잘해 봅시다"라고 말씀하셨다. 나는 몇 번이고 감사의 마음을 표했고, 그 표시로 대표님의 손을 잡아드리고 안아드렸다.

마침 그날이 5주 책 쓰기 과정을 개강하는 날이었다. 모든 것이 일사천리로 이루어졌다. 이 만남으로 인해 나는 드디어 책 쓰기에 도전하게 되었다. 집으로 가는 발걸음은 마치 하늘을 날아갈 듯이 가벼웠다. 그날 새벽 3시에 눈이 저절로 뜨였다. 대표님은 17년간의 자신의 강의 기록을 보여주셨고, 이는 나 자신을 돌아보게 해주었다. 얼마나 나를 축복하고 나에게 많은 것을 베푸셨는지 마음 깊이 느꼈다. 나는 눈물을 흘리면서 감사 기도를 드렸다. 하나님께서 나를 얼마나 사랑하고 계신지, 나를 얼마나 강하게 이끌고 계신지, 깨달았기 때문이다.

마지막 만남인 영적인 만남은 의식성장 수업을 통한 것이었다. 나는 책 쓰기를 배우려고 〈한책협〉에 등록했다. 그리고 그게 전부라고만 생각했었다. 하지만 수업을 듣고 카페 활동을 하고 책을 쓰면서 느낀 것은, 그보다 더 중요한 것이 있다는 것이었다. 바로 의식성장이었다. 의식성장 수업은 일주일에 한 번씩 있었다. 7개월 정도 이 수업을 듣고 나는 많은 것을 깨닫게 되었다.

먼저, 왜 내가 책을 쓰고 있는지 분명히 알게 되었고, 내가 왜 이 땅에 태어났는지, 왜 사는지, 답을 얻게 되었다. 사후세계에 대한 나의 기독교적 관념에서 해방되었다. 종교가 더는 나를 구원해줄 수 없다는 것을 깨달았다. 종교가 인간이 만들어낸 것에 불과하다는 것도. 나 자신이 신성한 존재라는 것도.

나는 먼저 나의 내면에 집중했다. 내 안의 신성을 깨우는 걸 시작으로 의식성장에 집중했다. 의식성장을 이루고 영적으로 성숙한 사람과 의식성장이 안 되고 영적 수준이 낮은 사람의 차이는 엄청나다. 의식성장을 이루지 못한 사람은 자신의 욕심을 채우기에만 급급하다. 남을 이용해 자신의 경제적 이익만을 취하려 한다. 영적 성숙이 너무도 절실한 사람이다.

대표님을 만나지 못했다면 나는 아직도 출세와 성공과 돈과 명예를 움켜쥐려고 허덕거렸을 것이다. 아직도 삶의 목적과 목표를 세우지 못한 채 헤매고 다녔을 것이다. 다섯 번째 만남인 대표님과의 영적인 만남을 의식성장 수업을 통해 갖게 된 게 얼마나 감사한 일인지 모르겠다.

이 시대는 지금 대혼란에 빠져 있다. 개인, 가정, 국가 모두 길 잃은 어린 양과 같다. 무엇을 해야 할지 어디로 가야 할지 모르는 정신적 혼란 상태다. 어둠의 세력은 그들의 권력을 지키려고 수단 방법 가리지 않고 인간들을 조종하고 길들인다. 악한 음모로 우리를 마비시키려 한다. 의식이 깨어나지 않는다면, 의식이 성장하지 않는다면 우리는 비참한 최후를 맞게 될 것이다.

의식성장이 이루어지고 영적으로 성숙한 사람들은 창조주로부터 받은 자신의 달란트를 활용해 사람들에게 선한 영향력을 끼치며 경제적 풍요까지 이룬다. 지구별에 온 목적과 목표와 이상을 실현하기 위해 이제 의식성장을 이룬 사람들이 함께 힘을 합쳐야 한다. 이것이 우리가 이 땅에 온 이유라는 것이 분명해진 만큼.

끝에서 시작하라,
끝까지 실행하라

사람들은 "열심히 살아라. 최선을 다해라. 열심히 사는 게 목표에 빨리 도달하는 길이다. 차근차근히 한 단계 한 단계씩 오르다 보면 결국 목표 지점에 도달하게 될 것이다"라고 격려하거나 가르치곤 한다.

하지만 이런 방식은 너무 시간이 오래 걸릴뿐더러 목표에 도달하기 전에 대부분 포기하고 만다. 시간이 많다고 잘할 수 있는 것도 아니다. 이전에 내가 알고 들었던 관념과 생각들은 모두 실패한 것들이었다. 목표가 분명하지도 않았고, 어디로 가야 할지도 몰랐으니까.

'그냥 가다 보면 잘되겠지. 왜? 열심히 최선을 다했으니까. 다

른 사람들도 다 그렇게 하니까. 앞 선배들이 그렇게 가르치고 그렇게 했으니까.'

이런 식의 막연한 생각 속에 목표도 모른 채 달려만 갔었다. 앞으로만 가면 되는 줄 알고 정말 열심히만 달렸다. 하지만 달릴수록 힘들고 지치고 무엇을 향해 가는지도 잘 알 수 없었다.

오랫동안 책을 읽어오면서 나도 책을 쓰면 좋겠다고 생각했다. 그러면 어떻게 책을 쓸 수 있을까? 생각은 많이 했지만, 방법과 방향은 알 수 없었다. 10년 전부터 책을 쓰고 싶은 마음이 강하게 들었었다. 하루에 책 한 권을 읽을 정도로 책 읽기에 열심을 부리던 때였다. 하지만 생각만 했지 책 쓰기를 실제 행동으로 옮기지는 못했다.

내가 〈한책협〉에 책을 쓰기 위해 와서 가장 많이 들었던 말이 "끝에서 시작하라"였다. 처음엔 이 말이 도무지 이해되지 않았다. 어떻게 시작도 하지 않았는데 끝에서 시작하라는 말인지. 어떤 것이 끝에서 시작한다는 뜻인지. 도대체 어떻게 하라는 것인지. 그러다 〈한책협〉 선배들의 말을 듣곤 알게 되었다. 목표가 분명하게 정해졌다면, 그 목표를 시작으로 상상하고 느끼고 이미 이루어진 것처럼 말하고 행동하라는 뜻이란 걸.

처음엔 내게 이 말이 외계인의 말처럼 들렸다. 한국어는 한국어인데 도무지 알아들을 수 없었다. 생각하면 할수록 이해되지 않았다. 그러다 이해되지 않는 걸 억지로 이해해보겠다는 생각을 내려놓았다. 물어보고 따지려는 마음을 내려놓았다. 〈한책협〉 카페 활동에만 충실했다. 하라는 것은 열심히 하고 하지 말라는 것은 하지 않았다. 과제도 열심히 해서 내고, 카페에 댓글 달기, 매일매일 필사하기도 빼먹지 않았다.

그러다 보니 부정적인 생각이 점점 사라져갔다. 오히려 동기부여가 되고 할 수 있다는 자신감이 생겨났다. 선배, 후배, 동기들의 댓글을 읽으면 힘이 났고, 거기에 댓글을 달면서 에너지가 솟아나는 걸 체험했다. 처음에는 댓글 다는 것을 형식적으로 숙제하는 느낌으로 했다. 그러다 시간이 흐르면서 댓글 다는 것이 재미있을뿐더러 기분이 좋아지는 행위가 되었다. 하루를 시작하는 원동력이 되어주었다.

그러던 어느 날, 다음과 같은 글을 보게 되었다.

"끝에서 시작하라. 끝에서 시작하지 않으면 평생 시작만 하다가 인생 좋 친다."

이 글을 보는 순간 머리에 총알 한 발을 맞은 느낌이었다. 무언가가 딱 맞아떨어지는 것처럼, '아~ 바로 이것이구나! 끝에서 시작한다는 말이 이것이구나'라는 깨달음을 얻었다. 끝에서 시작하지 않으면 평생 시작만 하다가 인생 끝난다니, 더는 실패를 반복하지 말자고 새롭게 마음을 다잡았다. 지금까지의 행동 패턴, 생각과 사고를 거꾸로 해보자는 생각이 들었다.

매번 출발점에서 시작만 했었다. 이제는 끝에서 이미 이루어진 것으로 믿고 시작해 보자! 상상하며 감정으로 느껴보자! 마음먹으며 나는 눈을 감고 상상하기 시작했다. 먼저 내 책이 이미 출간되어 교보문고 신간 코너에 놓여 있는 상상을 했다.

'새로 나온 책 코너에 있는 내 책을 상상하며 어떤 느낌인지 느껴본다. 심장이 마구마구 뛴다. 설레는 마음으로 책을 들고 표지를 만져본다. 표지 색깔과 책 제목 그리고 책의 촉감을 느껴본다.'

책을 쓰면서 자주 내 책이 이미 출간되었다고 상상해보곤 했었다. 그런 과정은 내가 책을 써 내려가는 데 힘을 실어주었다.

그러던 어느 날 출판계약을 하겠다는 출판사 대표님의 전화를 받았다. 2023년 6월 22일 첫 일대일 컨설팅을 받은 지 55일 만인 2023년 8월 17일, 나는 출판계약을 했다. 심장이 터질 듯했다. 이날을 기점으로 나의 존재가 바뀌기 시작했다. '끝에서 시작하라'라는 말이 실제처럼 다가왔다. 어쩌면 그전에는 상상을 통해 느끼고 감정으로 실제를 만졌다면, 이제는 구체적인 청사진을 갖게 된 것이다. 바로 내 앞에 놓인 출판계약서가 청사진이 제시하는 미래를 보여주고 있었다.

보통 사람들은 원고를 다 써야 출판계약서를 손에 쥐게 된다. 아니면 어느 정도는 원고를 써야 출판사와 계약할 수 있다. 그런데 '나는 이미 출판계약서를 가지고 있었다.' 나는 그 사실이 그들과 나를 얼마나 차이 나게 하는지 새록새록 깨닫고 있다.

'끝에서 시작하라'라는 말은 실체를 가졌다고 상상하라는 말과 다르지 않다. 집문서를 가지고 있으면 집을 아직 보지 않았어도 집의 실체를 가진 것이다. 그제야 나는 깨달았다. 이것이 바로 '끝에서 시작하라'라는 의미인걸. 나는 출판계약서를 읽고 또 읽으며 되뇌었다. '나는 이제 작가다. 자세와 태도도 이제 작가나. 작가의 품위가 느껴진다', 이렇게. 이처럼 출판계약은 나에게 큰 힘이 되어주었다. 걱정과 염려가 사라졌다. '안 되면 어쩌나, 잘될까'라는 의구심보다는 할 수 있다는 믿음이 더 강하게 나를 이끌었다.

마음이 너무나 편안했다. 정답을 알고 시험을 치는 학생의 마음 같았다. 결론을 알고 보는 한일전 축구 경기였다. 다른 사람들이 크게 두려움과 불안감을 느낄 때도 나는 여유가 있었다. 글을 쓰다가 힘들면 한 번씩 출판계약서를 꺼내 보곤 했다.

'끝에서 시작하라'라는 말의 실제를 체험한 것은 바로 초고를 완성한 날이었다. 2023년 11월 30일이었다. 초고를 완성한 날 아침, 나에겐 환희와 감동이 밀려왔다.

'드디어 해냈구나! 참 수고 많았다.'

누가 나 같은 사람이 책을 쓴다고 생각이나 하겠는가? 상상도 못 할 일일 수 있을 터. 하지만 나는 해냈다. 나 자신이 대견하고 자랑스러웠다. 중간에 힘든 상황도 있었다. 수시로 떠오르는 잡생각이 글쓰기를 힘들게 할 때도 있었다. 그럴 때마다 나는 끝에서 시작했다. '나는 지금 끝에서 시작하는 나를 보고 있다. 나는 작가이고 작가의 삶을 살고 있다'라고 나에게 말해주곤 했다.

초고를 완성하고 강한 자부심을 느낄 때 김태광 대표님의 말씀이 떠올랐다.

"작가님의 인생은 이제 꽃피게 될 것입니다. 아직 꽃봉오리가 맺혀 있는 상태지만, 책을 쓰는 순간부터 꽃이 필 것입니다. 향기가 만발하게 될 것입니다. 5년 후에 작가님이 어떻게 성장하고 발전하는지 스스로 지켜보십시오. 저는 한 번도 틀린 적이 없습니다."

이런 대표님의 말씀이 내겐 힘이 되고 자극이 되었다. 책을 쓰는 순간부터 내 인생이 꽃필 것이라는 그 말씀이 나의 귀에 계속 맴돌았다. 50세가 넘어 아직도 인생의 꽃을 피우지 못했다면 한참 늦었다고 생각할지도 모르겠다. 하지만 나는 그렇게 생각하지 않았다. 대신 나는 지금이 가장 알맞은 때다, 하나님이 나를 위해 예비하신 시간표에 맞춰 가장 좋은 때에 나를 부르셨다고 생각했다.

나는 초고를 쓰고 나서 내 의식에 엄청난 발전과 변화가 생기는 걸 체험했다. 대표님의 말씀처럼 이제 나는 꽃피기 시작했다. 이전에는 체험해 보지 못한, 강하게 성장하고 있는 느낌이다. 바로 이것이 의식의 힘이고, 책을 쓸 때 오는 변화다. 나는 생각하는 것이나 말하는 것이나 느끼는 것이 완전히 달라진 나를 깨닫는다. 나는 안에서 급격히 치밀어 오르는 강력한 힘을 체험했다.

또한, 나는 '끝에서 시작하라'라는 말을 프로필 사진을 찍는 날에도 체험했다. 책에 들어갈 프로필 사진이었고, 서울 성수동의 스튜디오에서 촬영했다. 〈한책협〉의 권동희 대표님이 가장 잘 찍는 사진작가님을 소개해주셨다. 처음에는 어색하고 엉거주춤한 자세로 사진을 찍느라 에너지 소모가 많았다. 그러다 조금씩 촬영에 익숙해졌고, 마음이 편해졌다. 어느 순간부터는 포즈까지 고려하며 사진을 찍게 되었다.

그 순간 한 가지 그림이 떠올랐다. 나의 미래가 보이기 시작한 것이다. 하나의 자세를 취할 때마다 감사코치의 모습이, 강연가의 모습이, 상담사의 모습이 보이기 시작했다. 프로필 사진을 찍고 있는 그때 나는 나의 미래를 찍고 있었던 셈이다. 나는 앞으로의 내 모습을 그려봤다. 끝에서 시작하는 실제를 온몸 가득 느끼면서. 세포 하나하나가 그 희열을 만끽하고 있었다. 행복했다.

나는 책을 쓰면서 내 인생을 돌아봤고, 나 자신을 알게 되었고, 깨닫게 되었다. 내가 책을 쓴다고 생각했는데 책이 나를 쓰고 있었다. 나에게 책이 끊임없이 말을 걸고 있었다. 나를 내 내면으로 안내해, 내가 누구인지 어떠한 존재인지를 깨닫게 해주었다. 잠자고 있는 나의 신성을 일깨워주었다. 내가 신성한 존재이고 영적인 존재라는 것을 깨닫게 해주었다.

감사하다. 책을 쓰면서 나를 진정으로 돌아볼 기회를 얻지 못했다면 내 인생 시간은 너무나 허무하게 날아갔을 것이다. 나를 인도해 책을 쓰게 함으로써 진정한 나를 찾게 해주신 하나님에게 감사할 뿐이다.

다시 한번 강조하고 싶다. 사람은 책을 쓰면서 자신을 깊이 성찰하고 자기 존재를 찾을 수 있다. 책은 나를 찾을 수 있는 가장 좋은 수단이다. 당장 책을 써라, 자신을 찾아 나서라!

이
미
경

나의 첫 번째 전생에 관한 이야기

이미경

책 쓰기를 하면서 내겐 아주 많은 변화가 찾아왔다. 살면서 한 번도 경험해보지 못한 일들이 연속적으로 일어났다. 신체적 변화와 감정적 변화까지 뭐라 말로 표현할 수 없는 일들이 발생하고 있다.

먼저 어릴 적 어머니께서 강제 봉인한 영적 통로가 다시 열렸다. 그리고 전생을 체험하고 현생으로 이어진 가족들과의 카르마를 모두 알게 되었다. 몰랐던 사실을 알게 되는 데 따르는 엄청난 충격과 두려움, 공포도 느껴봤다.

나는 책 쓰기를 하면서 겪게 된 이런 상황들로부터 수도 없이 도망치려 했었다. 하지만 곧 어리석은 짓이란 걸 깨달았다. 도망치려 하면 할수록 상황들은 더욱 강하게, 더욱 숨 막히게 나를 돌려세웠다.

험난한 전생을 체험한다는 것은 결코 마음 편안한 일일 수 없
다. 당시의 아픔과 고통, 두려움이 고스란히 몸과 마음에 생생
하게 전달되기 때문이다. 전생을 경험한다는 것은 그런 감정들
을 모두 감내해야 하는 일이기도 하다. 다만 그걸 넘어설 용기만
있다면, 현생의 삶에 깨달음과 방향을 제시해줄 수도 있다. 이
런 믿음 속에 나는 용기 내어 전생을 마주했다. 며칠 동안 죽음
과 같은 공포와 고통으로 힘든 시간을 보내기도 했지만, 삶의 목
표와 방향은 확실해졌다. 모든 것을 인정하고 받아들이겠다고
마음먹고 나니, 공포와 두려움도 사라지고 마침내 마음에 평화
가 찾아왔다. 상황이 아니라, 마음이었다. 마음 하나를 돌려세우
니, 답이 거기에 있었다.

나의 수호천사는 대천사 유리엘이다. 책 쓰기를 하는 동안 그
는 내게 자신의 존재를 각인시켰다. 심지어 머릿속 뇌간에 교신
의 통로를 살짝 만들어두기도 했다. 이상하게 들릴 수도 있겠지
만, 모두 사실이다. 나는 그 때문에 병원에 입원해야 했고, 별다
른 이상이 없다는 소견을 받았다. MRI 상에 살짝 표시될 정도의
교신 장치가 생겼을 뿐이다.

2023년 11월 24일, 유튜브 〈권마담TV〉 '권마담의 인생라떼'를 시청하고 잠들기 전, 나는 마음속으로 대천사 유리엘에게 다음과 같은 질문을 했다.

'나의 사명은 무엇인가요?'
'나는 무엇을 하기 위해 지구별에 왔나요?'

그리고 마치 영화를 보듯 내 전생에 빨려들었다. 꿈이라고 하기엔 너무나 생생한 장면들이었다.

전생의 나는 수도사다.

나는 남자다.

검은 망토 속으로 보이는 나는 백인이며, 늙었다.

수염도 덥수룩하다. 종교적인 사람인 듯하다.

나는 기록하는 일을 하는 사람이다.

기록한 것을 남겨 후세에 전하는 일이다.

무엇 때문인지 이 일은 아주 비밀리에 해야 하는 것 같다.

나라는 종교전쟁으로 인해 종교와 언어를 탄압당하고 있는 듯하다.

나는 기록들을 챙겨서 국경을 넘어야 했다.

돌산을 넘어가느라 나는 너무 힘들다. 오랜 기간 피해 다니느라 먹은 것이 별로 없는 데다, 수도사인 나는 나이도 많고, 체력도 달린다.

산을 넘어갈 때 나를 안전한 지름길로 인도해준 존재가 있다.

영화 〈반지의 제왕〉에 등장한 바 있는 골룸(Gollum)이다.

그는 나를 안전한 길로 안내해주었다.

나는 그에게 반드시 살아서 은혜를 갚겠노라고 약속했다.

원하는 대가를 치러야 움직이는 계산적인 존재이긴 했으나, 나로선 어떠한 대가를 요구하더라도 응할 수밖에 없는 급박한 처지였다.

뜻을 같이하는 동료(같은 수도사)의 도움을 받아 그가 마련해준 은신처에 숨을 수 있었다.

나는 기록의 완성을 위해 쓰고 또 쓴다. 기록을 땅에 묻거나 벽 틈 사이에 감춰두기도 한다.

일부는 동료 수도사를 통해 안전한 다른 곳으로 전달되는 것 같다.

어느 날 관군들이 은신처를 습격했다.

동료 수도사는 자신과 가족의 안전을 보장받는 조건으로 나와 기록들을 가지고 관군들과 거래를 한 것 같았다. 동료를 탓할 수만은 없다. 가족이란 그런 존재란 걸 나는 알고 있다.

그도 어쩔 수 없는 선택이었으리라….

나는 현장에서 기록과 함께 끌려갔다.

나는 왼손잡이다.

그들은 더는 글을 쓸 수 없도록 내 왼팔을 탈골시켰다.

아…. 아…. 아프다…. 너무너무 아프다…. 토할 것 같은 고통이다.

나의 왼팔은 힘없이 흔들거린다.

그리고 그들은 지하 동굴 감옥에 나를 가두었다.

그곳은 축축했고, 나는 맨발이다.

나의 발은 희다 못해 파랗다. 그리고 여기저기 상처와 피로 얼룩져 있다.

한기와 습기가 뼛속들이 스며드는 느낌이다.

바닥도 벽도 돌들로 울퉁불퉁하다.

나는 몸을 누일 수도, 기댈 수도 없었다.

며칠이 지났을까?

지금은 밤인가? 아니면 낮인가?

나는 손톱 끝에 피가 나도록 벽에다 또 무언가를 새긴다.

나의 왼팔은 힘없이 흔들리고, 살아 있는 건 오로지 정신과 오른팔뿐이다.

그들이 나를 아직 살려둔 건, 내게서 얻어내야 할 무엇이 남아 있기 때문인 것 같다.

더 살아 있음이 아무 의미가 없다는 걸 느끼고 있다.

아…. 피곤하고, 힘들다. 이젠 좀 쉬고 싶다.

나는 죽음의 때가 이르렀음을 가슴 깊숙이 느낀다.

눈물이 흐른다. 마음에 평화가 찾아왔다.

"신이시여! 부디 저들의 더러운 손으로 목숨을 거두게 하지 마소서…."

마침내 나는 죽었다.

그리고 나의 주검을 대천사 유리엘이 안고 있다.

유리엘은 나의 주검을 안고 따뜻하게 위로해준다.

그와 나를 강한 빛이 비추고 있다.

그것은 무대 위에 피어난 조명과 같다.

나는 유리엘과 함께 빛 속으로 빛이 되어 들려 올려진다.

나의 첫 번째 전생은 기록을 완성해서 후세에 남기지 못하고 죽음을 맞이한 수도사였다. 사명을 다하지 못한 채 축축한 지하(감옥)에 갇혀 죽음을 맞이한 나의 전생에 깊은 애도와 경의를 표한다.

눈시울이 붉어짐을 느낀다.

나의 사명!

기록하고 전파한다!

책 쓰기와 의식성장으로 만인을 깨우치고,
그들에게 힘과 동기를 부여해준다!

책 쓰기는 내겐 운명과도 같은 것이었다.

오랫동안 전생을 거쳐오면서 완성하지 못한 사명이었음을 지켜봤다.

잠에서 깨어난 나는 침대 헤드에 등을 기댄 채 앉아 있었다.

감옥에서 마지막까지 등에 불편하게 배기던 돌의 느낌이 담이 든 것처럼 아팠다.

눈물이 흐르고 있었다.

내가 병처럼 기록하고 필사하는 이유를 알 것 같다.

내게 책 쓰기가 필연이라는 것도 깨닫게 되었다.

대천사 유리엘은 그렇게 태초부터 나의 모든 생에 함께했었다.

당시 나를 밀고했던 동료는 지금도 나의 동료로서 함께하고 있다.

또한, 돌산을 넘어갈 때 나를 안내해주었던 존재, 골룸 역시도 함께하고 있다.

전생의 장면들에선 모습과 성별을 달리하고 있지만, 현재 나와 함께하는 그들을 나는 단번에 알아봤다. 결국, 전생의 숙제는 언젠가 풀어야 할 현생의 숙제로 이어진다.

풀지 못한 원한과 악연도 마찬가지다. 그것이 카르마다. 나는 이미 그들에게 빚을 갚은 셈이다. 그들로 인해 받았던 상처와 금전적 손해에 대한 이유를 알았기 때문에 더 이상의 원망도 분노도 없다.

나의 버킷리스트엔 발칸반도 동유럽 슬로베니아 여행이 들어 있다.

이곳은 수년 전부터 꼭 가보고 싶었던 곳이다.

그 이유도 첫 번째 전생과 깊이 연결되어 있음을 알게 되었다.

나의 여섯 번째 전생에
관한 이야기

나의 어머니가 나를 낳으시던 날로부터 이야기를 시작해볼까 한다. 1971년 12월 7일. 나는 예정보다 두 달이나 빠르게 조산소에서 태어났다. 불과 한 달 만에 한 살을 먹고 인생⁽?⁾을 시작한 게 아까워 어머니에게 몇 번이고 물어봤었다. 어머니는 두 달이나 빠르게 출산해 기저귀조차 제대로 준비해 놓지 못하셨다는 말씀과 함께 그날의 이야기를 들려주셨다.

나는 충남 서산의 어느 시골 마을 조산소에서 태어났다. 아버지는 어머니를 보쌈해 나를 임신시키셨다 한다. 당시는 혼전임신이 집안의 커다란 수치로 여겨졌던 시대가 아닌가. 그런 만큼 두 분은 가급적 본가와 멀리 떨어져 살 수밖에 없으셨단다.

어머니는 목숨 걸고 나를 낳으셨다. 갑자기 양수가 터지고 시간이 많이 지체되어 출산이 쉽지 않으셨다고 한다. 산모와 아기 모두 위험한 상황이었다고 들었다. 정신을 차려보니, 광목에 싸인 아기가 울지도 않고 눈을 동그랗게 뜬 채 어머니를 쳐다보고 있었다고 하셨다. 신비스러운 눈을 가진 여자아기였던 내가 애썼다고 어머니를 위로해주는 것 같은 느낌을 받으셨다고 하셨다. 아기의 몸은 알 수 없는 빛으로 환하게 빛나고 있었다고 하셨다. 때마침 창밖에는 첫눈이 내리고 있었다고도 하셨다. 어머니는 이날을 축복의 날로 기억하고 계셨다. 누구에게도 말하지 않은, 어머니와 나만 알고 있는 그런 느낌과 감정….

서두를 나의 출생 이야기로 시작한 건, 현생으로 오기 직전의 마지막 내 환생에 관한 이야기를 하고자 함이다. 책을 쓰기 시작한 후 영적인 통로가 열리면서 보게 된 직전의 삶을 보고 느낀 그대로 써 보겠다.

나는 의사인 것 같다.
의사 가운을 입었지만, 의사 가운 속에 군복을 입고 있다.
에메랄드빛 바다와 시원한 바람 그리고 흰 모래가 반짝이는 백사장도 보인다.
동료들과 열대과일을 즐긴다. 나는 바나나를 좋아한다.

나라는 전쟁 중인 것 같다. 나는 종군의사인 듯하다.

동료들과 친한 듯 보이지만, 나는 혼자 있는 시간을 더 좋아한다.

끔찍한 장면이다.

동료들이 임신한 원주민 여인을 해부한다.

갑자기 명치를 찌르는 듯한 고통이 느껴진다.

가슴이 찢어진다. 토할 것 같다. 이 감정은 무얼까?

내가 할 수 있는 건 아무것도 없다. 폭발적인 분노가 솟구친다.

몸이 떨리고, 배를 가르고 나의 내장을 꺼내는 것 같은 고통이 몰려온다.

저놈들을 당장 칼로 베고 싶은 심정이다.

나는 죽었다.

섬에서 죽은 듯하다.

조그만 돌을 쌓아 만든 2개의 묘비가 보인다.

나의 이름이 적혀있는 것 같다. 누군가가 나의 묘비명을 읽는다.

나는 한국 사람, 이한(李瀚)이다. 일본 이름은 고토 하루니다.

나의 묘를 내가 보고 있다.

지금 느끼는 슬픔은 둘 중 누구의 감정일까?

잠에서 깨어나니 꿈에 관한 여러 가지가 떠올랐다.

나는 전쟁에 참여한 종군의사로 내가 있던 곳은 진주만인 것 같다.

나에겐 한국인 어머니와 일본인 아버지가 있다.

그는 내 생부가 아니다.

나는 한국인이다.

어머니는 어쩔 수 없이 그와 결혼하셨다.

아니, 그가 한국인 아버지로부터 어머니와 아들인 나를 빼앗았다.

그는 야쿠자다.

그는 부유했지만, 슬하에 자식이 없었다.

나는 그를 빛내주는 유일한 아들이다.

덕분에 나는 넉넉한 환경에서 고등교육을 받을 수 있었던 것 같다.

나는 의사가 되었다.

그의 뜻에 따라 그의 나라 일본을 위해 종군의사가 된 것 같다.

나는 진주만으로 파견되었다.

내 앞에서 처참하게 죽임을 당한 여인은 내가 사랑하는 사람이었던 것 같다.

배 속의 아이도 내 아이….

숨을 쉴 수가 없다.

또다시 심장이 찢어질 것 같은 고통이 몰려온다.

나는 왜 죽었을까?

아마도 나는 스스로 목숨을 끊은 것 같다.

바다에 몸을 던진 게 아닐까, 생각된다.

죽음의 장면은 보이지 않았다.

참으로 소름 돋는 사실을 알았다.

진주만 공격은 1941년 12월 7일에 있었다.

나는 1971년 12월 7일(음력 10월 20일)에 태어났다. 8개월 만에 서둘러 세상에 나왔다.

내가 바로 직전의 전생을 본 건 2023년 12월 6일이다.

다음 날은 진주만 공격이 발생한 지 82년째가 되는 날이다.

이 모두가 우연이란 말인가?

그때 내가 지켜주지 못한 여인과 아이는 지금 나와 현생에서 같이 살고 있다.

여인은 입양한 아들이고, 아이는 손녀가 되었다.

일본인 아버지도 현생에 와있다.

그는 현생에서도 나를 숨 막히게 하는 인물로서 존재감을 보인다.

그에 관해서는 언급하지 않으려 한다.

아….

나는 오열했다.

나는 원한에 차 내 목숨을 내던졌다.

그리고 겨우 30년 만에 다시 현생에 와있다.

나는 전생 체험을 통해 카르마로 인해 현생에 와있는 모든 인물을 알게 되었다.

그래서 내 삶의 시련과 고통의 이유를 깨닫게 되었다. 이유를 알고 나니 삶이 명쾌해졌다. 그들은 나에게 역행보살(易行菩薩)과도 같다. 카르마를 정화하고 깨달음을 주기 위해 현생에 존재하는 사람들이다. 나는 그들로 인해 잃어버린 시간과 돈을 아까워하지 않기로 했다. 그것이 카르마에 대한 대가, 즉 빚 갚음이었음을 알고 있으므로, 분노의 감정이 또다시 카르마로 이어지게 하고 싶지 않기 때문이다.

진리는 간단명료하다. 내 것이 아닌 건 모두 제자리로 돌아간다. 사람도 사물도 하물며 돈도 마찬가지다. 그 모두를 자연스럽게 받아들이고 그 속에서 삶의 지혜와 깨달음을 얻어야 한다. 지혜와 깨달음은 돈보다도 더 오래 남는다.

김
지
선

나는 내가 '원하는' 모습이 아니라 '믿는' 모습으로 된다

김지선

"당신은 자연스럽게 당신이 집중하는 것으로 이동한다. 원하지 않는 것에 집중하면서 보낸다면 당신은 그것을 향해 이동할 것이다. 원하는 것에 대해서 생각한다면 당신은 그것을 향해 이동할 것이다."

남경흥 작가의 책 《허공의 놀라운 비밀》에 있는 글이다. 사람들 대부분은 생각하는 대로 살아가기보다 주어진 삶에 맞춰 살아간다. 더 크게 생각해 더 크게 이루고 더 멋진 삶을 꿈꾸기보다 안정과 타협하고, 편안함에 안주해버린다. 살아지는 대로 사는 것이다. 물이 항상 낮은 곳으로 흐르듯, 사람의 의식도 가만두면 낮은 곳으로 흐르려는 속성이 있기 때문이리라.

더 나은 삶을 꿈꾸고 의식이 바라는 대로 '끌어당기며' 살아가는 일은 에너지를 요구한다. 끌어당기는 힘만큼 밀어냄의 법칙이라는 게 함께 작용하기 때문이다. 자신의 인생에서 바라는 걸 생각하다가도 이내 '그게 원한다고 되겠어?', '그런다고 뭐가 달라지겠어?'라고 관심 밖으로 밀어낸다. 자신이 의식하기도 전에 밀어냄의 법칙에 영향을 받는 것이다. 우리 주변 사람들 대부분은 이렇게 의식이 바라는 대로 끌어당기며 살기보다 밀어내며 산다. 세상에 꿈을 실현한 사람들보다 그렇지 못한 사람들이 대부분인 이유일 것이다.

살면서 우리는 삶이 자기 뜻대로 이루어지지 않거나 생각과 현실이 다를 때 고통을 느낀다. 고통을 주는 상황에 불만을 터뜨리거나 고통에서 벗어나고 싶다고 말하면서도 실제로 고통에서 벗어나려는 진짜 시도는 잘 하지 않는다. 실은 내면 깊은 곳의 내 의식은 그것을 깨부수고 싶어 하지 않기 때문이다. 고통스러운 현실은 내가 아는 어떤 것이지만, 고통 너머는 모르는 세상이어서 더 두렵게 느껴지는 탓일 테다.

삶은 우리의 생각과 감정, 말과 행동이 합쳐져서 만들어지는 산물이다. 자신이 지금 처해 있는 환경은 이전 생각의 결과물이라고 해도 과언이 아니다. 지금 자신이 생각하는 것은 잠재의식 속에 새겨지고, 우리는 그 잠재의식에 새겨진 생각대로 살아간다. 외부 세계가 자기 생각이 반영된 결과라는 말은, 곧 자기 내면 의식이 바뀌면 외부 세계도 바뀐다는 의미 아니겠는가. 다시 말해 환경을 바꾸고 싶으면, 먼저 자신의 의식을 바꾸면 되는 것이다. 현실이라는 한계에 자신을 가두고 전전긍긍하기보다 무한한 의식 속에 원하는 것을 그려 넣을 때, 우리는 그것을 현실 세계에 나타나게 할 수 있다. 우리의 사고와 신념이 눈처럼 쌓여 우리를 둘러싼 환경이 만들어지는 것이므로.

자신의 인생에서 원하는 과실을 얻고자 한다면, 농부가 밭에 좋은 씨앗을 뿌리듯 좋은 생각의 씨앗을 뿌려야 한다. 말 그대로 '콩 심은 데 콩 나고 팥 심은 데 팥' 나기 때문이다. 자신이 원하고 바라는 것, 자신의 가슴을 뛰게 하는 생각의 씨앗을 뿌려야 그에 걸맞은 결과물을 거두게 된다는 의미다. 모든 건 외부가 아닌 내부가 먼저다.

나는 예전 홀로 미국에서 살 때 죽음까지 갈 뻔한 교통사고를 당한 적이 있다. 그때 정신적, 육체적으로 무척 힘겨운 시간을 보냈다. 하지만 무엇보다 나를 가장 힘들게 한 건 내면 깊숙한 곳에서 들려오는 '체념'의 목소리였다. 지금의 상황을 바꾸는 건 불가능할 거라는 '생각'이 나를 옴짝달싹하지 못하게 했다. 사고의 힘이 얼마나 강력한 것인지 그때 느꼈다. 나는 그저 현실과 타협하고 견디는 게 전부인 하루하루를 살았다.

하지만 다행히 가장 암담했던 그 순간에 나는 글쓰기를 시작했다. 내 생각을 글로 쓰면서 객관적으로 나의 상황을 바라볼 수 있었다. 바라는 것을 적고 미래의 내 모습을 그려보면서 나는 마침내 기나긴 어둠의 터널을 빠져나올 수 있었다. 단지 주어진 환경에 맞춰 살 때는 희망이 멀게만 느껴졌었다. 하지만 내 바람을 글로 적고, 내가 살고 싶은 삶을 상상하며 시선을 미래에 두자, 다시 뜨겁게 심장이 뛰기 시작했다. 답은 전부 내 안에 있었던 셈이다.

변하겠다 생각하지 않으면, 우리 삶은 언제까지나 똑같은 모습으로 이어진다. 두려울수록 우리는 행동해야 한다. 행동하면 두려움은 사라지고 무기력에서 벗어날 수 있다. 어제와 다름없는 오늘을 살며, 오늘과 다른 내일을 기대하는 안일함. 삶이 늘 제자리를 맴도는 이유일 것이다. 환경을 바꾸고 싶다면, 자기 자신이 먼저 바뀌어야 한다. 네빌 고다드(Neville Goddard)의 다음 말이 이를 그대로 나타내준다.

"내면의 상태가 변화되지 않는 한 외적인 변화는 아무런 의미가 없습니다. 성공은 성공한 사람들의 외적인 행동을 모방해서 얻을 수 있는 것이 아니라 올바른 내면의 행동과 대화를 통해서 가능한 것입니다."

자신이 되고 싶은 것, 가지고 싶고 이루고 싶은 것과 원하는 것. 그것들을 자신의 것으로 만들었을 때 펼쳐질 현실은 자신의 내면 그대로를 반영하는 것에 다름 아니다. 꿈꾸는 자신의 미래 모습이 되려면 지금 어떤 선택을 하고, 어떻게 행동으로 옮길 것인가가 중요할 터. 미래에 이루어질 모습 그대로 현재를 살아가면 현재 의식을 뛰어넘어 자신 안의 무한한 잠재력을 일깨울 수 있을 것이다. 미래에 대한 희망과 확신이 더 큰 인생을 살아갈 수 있게 해주는 원동력으로 작용하기 때문이다.

나는 교통사고라는 시련을 딛고 마침내 내가 진짜 바라던 삶을 살아갈 용기를 낼 수 있었다. 한국에서 중·고등학교를 다닐 때 늘 꿈꿨던 국제회의 분야에 몸담고 싶다는 열망이 살아난 것이다. 고등학교 때 나는 국제회의가 열리고 있는 장소를 직접 찾아가, 그 회사에서 활약하고 있는 내 모습을 생생히 상상했었다. 반드시 꿈을 이룰 길이 열리리라, 확신하면서.

나는 내 잠재의식 깊이 새긴 그 목표를 향해 한 걸음 한 걸음 앞으로 나아갔다. 그 과정에서 많은 경험과 시행착오를 겪었지만, 오히려 나는 더 단단하고 지혜로워졌다. 그리고 마침내 꿈꾸던 기회가 찾아왔다. 4년간의 미국 생활을 정리하고 있던 그 무렵, 내가 목표하던 그 회사의 채용공고를 보게 된 것이었다. 마치 나를 위해 준비해놓은 것처럼 타이밍과 입사 요건이 딱 맞아떨어졌다. 입사 지원, 면접 과정이 모두 이미 해본 것처럼 편안하게 느껴졌다. 이미 내가 그 회사의 일원이 되었다고 믿으며 내가 상상했던 이미지 그대로였다. 물 흐르듯 자연스럽게 나는 최종 합격하게 되었다. 내 마음속에 꿈을 품고 달린 지 딱 10년 만이었다.

우리가 무언가를 바라고 믿고 상상하며 그 길을 향해 끝까지 나아가면, 꿈은 반드시 이루어진다. 꿈이 이루어지지 않는 건, 결과가 나타나기도 전에 포기해버리기 때문이다. 꿈이 이루어지지 않으면 어쩌나 걱정하고 두려워하는 순간, 그대로 현실이 되기 때문이다. 꿈이 바로 이루어지지 않는 건, 이루어지지 않는 게 아니라 이루어지는 과정 중일 뿐인 것이다. 우리는 자신도 모르게 잠재의식에 새겨진 목표를 향해 나아가게 되며, 어느 순간 그것이 현실로 이루어지는 걸 목격하게 된다. 가다가 멈추지만 않는다면 그것을 막을 수 있는 건 아무것도 없다.

목표를 세우고 이루어가는 과정에서 힘든 일이 생겼다면, 자신이 더 큰 그릇이 될 것이라는 뜻으로 받아들여라. 이는 자신이 더 단단하게 될 기회라는 뜻이기도 하다. 시련으로부터 도망가지 않고 맞닥뜨려 고군분투할 때 생각지도 못한 기회의 문이 열리게 된다. 모든 시련에는 그에 상응하는 이로움의 씨앗이 숨겨

져 있다. 기회는 언제나 시련 뒤에 숨어서 오기 때문이다. 우리
는 이 시련을 극복함으로써 인생에서 가장 중요한 지혜를 얻으
며 더 크게 성장할 수 있다.

내면세계에 자신이 원하는 것들을 가득 채우고, 그것들을 현
실에서 얻으리라 끝까지 믿고 나아가는 것! 이를 위해 가장 중요
한 것은 자기 자신이 특별하고 중요한 존재라는 걸 깨닫는 것이
다. 무엇보다 자기 자신이 귀한 존재라고 믿는 그 '의식'이 인생
을 완전히 바꿔주는 열쇠다. 바라는 것을 이루어낸 내 모습을 상
상할뿐더러 그대로 창조해낼 수 있다고 믿는 나라는 존재의 위
대함. 그 기쁨을 만끽하고자 하는 여행이 이번 생의 목적이 아닐
까? 나는 내가 '원하는' 모습이 아니라 '믿는' 모습으로 되는 법이
니까.

나는 의식성장으로
부자 되는 법을 찾았다

    누구나 한 번쯤 영화나 드라마에서 보는 부자의 삶을 동경해 본 적이 있을 것이다. 하지만 실제로 그런 부자가 되는 건, 자신과는 상관없는 머나먼 딴 세상 이야기로 치부되곤 한다. 특별한 환경이 갖춰지고 운이 따라준 '금수저 부자'들을 제외하고, 부자와 가난한 사람을 구분 짓게 하는 건 과연 무엇일까?

    내 생각엔 부자의 사고방식을 가지는 게 부자가 되는 첩경일 듯하다. 사고를 가난함에 고정하느냐, 부와 풍요에 고정하느냐가 모든 걸 결정하기 때문이다. 부자처럼 생각하는 '부자 마인드'를 갖추면 이미 부자가 된 것이나 다름없다. 현재 자신이 부자가 아니라면, 지금껏 해왔던 것과 반대로 생각하고 행동하면 부자가 될 수 있지 않을까.

사고에는 행동과 현실을 바꾸어주는 힘이 있다. 사고란 머릿속에서만 끝나는 것이 아니라, 모든 행동의 근원이기 때문이다. 어려움을 만나면 피하고 싶거나 중도에 포기하고 싶어지는 마음을 다스리는 것 모두 사고의 힘이 하는 일이다. 그러니 사고방식을 바꾸는 순간 지금까지와는 다른 선택을 하게 되고, 선택이 달라지면 당연히 다른 삶이 펼쳐지게 될 터. 사고방식 하나를 달리함으로써 자신의 행동은 물론 만나는 사람, 주변 환경 등 모든 것을 바꿀 수 있는 셈이다.

부자가 되려면 가장 먼저 인생에서 이루고 싶은 꿈을 찾아야 한다. 이루고자 하는 목표와 인생의 꿈을 찾으면, 현재의 삶에 설사 어려움이 있더라도 꿋꿋이 나아갈 수 있을 테니까. 무엇보다 자신이 바라는 걸 상상하며 살아갈 때 우리는 깊은 삶의 충만감, 즉 행복을 느끼게 된다. 인생에서 진짜 이루고 싶은 목표를 찾으면 더는 남들이 좋다고 하는 것들에 마음을 빼앗기지 않게 된다. 부자란 기회를 놓치지 않고 붙든 사람의 다른 표현 아닐까? 스스로 꿈을 찾고 주위의 감언이설에 휘둘리지 않으며 기회를 자기 것으로 만든 사람 말이다. 그럼으로써 진정한 인생의 주인공이 된 사람 말이다.

부자는 크게 상상하며 큰 꿈을 꾸고, 그걸 이루기 위한 계획을 세워 하나하나 실행에 옮기는 사람이다. 그 과정에서 자신에게 부족한 점이 있다고 느끼면, 즉시 해결 방법을 찾아내 실천한다. 돈을 투자하거나 고민을 안겨주는 분야의 전문가를 찾아가는 등 눈앞의 어려움을 적시에 해결하며 멈추지 않고 성장해나간다. 자신의 가능성을 믿기 때문에 자신의 재능을 사용하고 계발하는 데 주저함이 없다. 그렇게 쌓은 노하우와 경험이 자신을 지금과는 다른 계층으로 밀어 올려주리라는 걸 알기 때문이다.

부자는 새로운 세계나 자극을 주는 도전에 흥미를 보인다. 위험 부담이 있다 해도 그 너머의 가능성을 먼저 생각한다. 근본적으로 부자는 좀 더 인생을 즐기는 방법에 집중한다. 매사 돈을 바탕으로 판단하고 선택하는 건 가난한 사람의 사고방식이다.

부자는 일할 때나 물건을 살 때나 가치를 따진다. 당장은 이익이 안 되더라도 가치 있는 것을 선택한다. 결국, 부자가 더 큰 걸 얻게 된다. 이에 비해 가난한 사람들은 일이나 물건을 값으로만 판단한다. 눈앞의 이익에 따라 소탐대실한다. 결국, 계속 가난해지게 된다.

부자는 변화를 두려워하지 않는다. 오히려 똑같은 상황에 머무르는 것을 싫어한다. 현재의 자신에게 만족하지 않고 좀 더 앞으로 나아가고 싶다면 환경을 바꿔야 한다. 경제적으로 가난한 사람이 부유함을 만들지 못하는 이유는, 큰돈을 만져본 적도 부유해본 적도 없기 때문이다. 그런 환경에서는 풍요로움을 만들어내지 못한다. 환경을 바꿔야만 하는 이유다.

　좋은 것을 봐야 좋은 생각을 하게 된다. 사는 곳과 만나는 사람, 자주 가는 장소를 달리해 부자의 사고를 하게 되면 저절로 부유해질 방법을 찾게 될 것이다. 사고가 환경을 바꾸고, 그 바뀐 환경이 자신을 새롭게 만들어주니까. 그러니 부자가 되려면 부자 의식을 가지는 게 먼저일 테다. 그리고 이렇게 의식을 바꿈으로써 인생에 지각변동이 일어나는 걸 경험하게 될 것이다. 의식이 바뀌면 그 후 모든 게 바뀐 의식을 따라 변화하기 때문이다.

　부자는 시선을 과거나 현재가 아닌 미래에 두고 살아간다. 모든 초점을 미래에 맞추고 살아가기 때문에 현재에 크게 연연하지 않는다. 당연히 지금 현재를 살아가는 방식도 달라진다. 부자의 성공 비결은 미래에 갖고 싶은 것을 이미 갖고 있다고 상상하며 느끼는 데 있다. 또한, 가고 싶은 곳을 찾아가 이미 즐기고 있다고 상상하거나 느끼는 데 있다. 미래에 이미 자신이 이룬 것들을 상상하고 그에 맞는 생각과 느낌으로 살아가면, 우주는 그것들을 현실로 끌어다준다. 모든 결과가 의식에 좌우되는 셈이다. 이처럼 성공의 비밀은 바로 결과에서 시작하는 데 있다. 네빌 고다드는《전제의 법칙》에서 다음과 같이 말했다.

"당신에게 필요한 것은 미래의 꿈을 현재의 사실로 받아들이는 것입니다. 당신은 자신의 소원이 성취되었다고 느낌으로써 그 일을 할 수 있습니다. 아직 원하는 것이 당신 현실 속 삶에 구현되지 못했을지라도 이미 원하는 존재가 되었다는 전제를 완벽하게 지켜감으로써 이러한 새로운 의식 상태가 외부에 구현될 것임을 확신해야 합니다."

나는 10대 때부터 내 미래 인생 각본 쓰기에 열심이었다. 내 인생의 목표와 꿈이 이루어진 모습을 상상하며 각본을 쓰고, 반드시 이루어지리라 확신하며 살아왔다.

미래의 내 각본 속에는 이미 이루어진 내 모습이 적혀 있고, 나는 그것을 의심 없이 믿었다. 그래서 중간에 힘든 일이 생겨도 희망을 버리지 않고 묵묵히 앞으로 나아갈 수 있었다. 무엇보다 현재의 내가 미래의 내 모습을 이루어가는 선상에 있다고 생각하니, 일희일비하지 않게 되었다.

나는 미래에 내가 잘되어 있으리라 굳게 믿었기 때문이다. 그렇게 미래를 응시하면 할수록 신기하게도 현재의 발걸음에 힘이 들어갔다.

어느 날 갑자기 찾아오는 실패가 없듯이, 성공도 어느 날 갑자기 찾아오지 않는다. 성공을 목표로 반복해 행동하다 보면 그렇게 되는 게 너무나 자연스럽게 여겨진다. 그런 나머지, 성공이 마치 원래 나를 위해 마련되어 있었던 것처럼 느껴지는 것뿐이다. 새로운 생각, 새로운 결정, 새로운 행동을 하면, 새로운 인생이 시작되는 것처럼.

모든 건 잠재의식 속에 축적되어 있다. 따라서 우리는 자신의 내면에서 모든 답을 얻어낼 수 있다. 이미 이루어진 미래의 내 모습을 상상하며 살아가면 머리와 가슴이 그것을 실현할 계획을 세우고 방법을 찾아줄 것이다.

우리 인생이 시간으로 이루어져 있다는 건 누구도 부정하지 않을 것이다. 하루 24시간은 세상 사람들 모두에게 공평하게 주어진다. 이 시간을 자신의 미래와 꿈을 위해 쓸 것인지, 아니면 현재에 안주하며 살지에 따라 시간을 대하는 자세는 완전히 달라지리라 본다.

진정으로 가치 있는 삶이란 무엇일까? 자신이 세상에 태어난 목적을 찾고, 그 목적을 이루어나가는 과정에서 하고 싶은 일, 다른 사람에게 도움 되는 일을 하며 인생을 사용하는 것이 아닐까. 그런 삶을 위해 자신이 참으로 누구인지를 찾아가는 체험을 다양하게 해야 할 것이다. 그리고 여기에는 반드시 경제적 풍요가 뒷받침되어야 할 것이다. 우리가 경제적으로 풍요로운 삶을 살아야 하는 이유다. 그것도 한 살이라도 젊을 때부터.

나는 후회 없는 인생을 살기 위해 빨리 결과를 만들어야겠다고 생각했다. 결과가 있어야 과정도 빛나는 법이니까. 내가 빨리 이뤄야 남도 도울 수 있으니까. 내 꿈을 이루어 맛보는 행복감도 좋을 테지만, 남을 도울 수 있는 위치가 되면 백배 천배 더 의미 있는 삶을 살 수 있게 될 테니까. 꿈을 이루고 세상에 영향력을 미치며 살아갈 미래의 내 모습을 상상하노라면 마음이 설렌다.

나는 언제까지나 경쟁자가 아닌 창조자로, 바라는 것을 '원하는 사람'이 아니라 '선택하는 사람'으로 살아가고 싶다. 꾸준한 의식성장과 자기계발로 이번 생에 이루고자 했던 모든 것을 이루고 싶다. 그렇게 내면의 풍요와 물질적 풍요를 모두 누리며 사람들의 꿈과 희망이 되고 싶다. 그것이 지구별에 온 나의 소명이자 목적임을 믿어 의심치 않는다.

김
수
경

의식이 유일한 실체다

나는 2023년 7월 〈한책협〉을 처음 방문했다. 누구보다 성공하고자 하는 열망이 컸고 부자가 되고 싶었기 때문이다. 이곳 김태광 대표님은 "성공해서 책을 쓰는 게 아니라 책을 써야 성공한다"라는 모토 아래 1,200명의 작가를 배출했다고 한다. 글쓰기, 책 출판 관련 노하우를 출원해 2개의 특허까지 받았다고 한다. 나는 이분에게 배우면 내가 원하는 삶을 살 수 있으리라는 느낌을 강하게 받았다. 상담을 받자마자 책 쓰기 5주 과정에 등록한 이유다. 퍼스널 브랜딩을 하고 그동안의 내 지식과 경험, 깨달음을 전하며 선한 영향력을 주는 사람이 되고 싶었기 때문이다.

나는 대표님이 하라는 그대로 따라 했다. 그러자 정말 상상도 못 할 정도로 빠르게, 책 쓰기 과정에 등록한 지 두 달 만에 출판계약을 하게 되었다. 그리고 3개월 후엔 김수경이라는 이름이 새겨진 내 책이 나와 전국으로 퍼져나갔다. 바로바로 결과로 보여주는 〈한책협〉의 힘은 참으로 대단했다.

이렇게 내가 빠르게 책을 쓸 수 있도록 해준 원동력의 저변에는 내 의식성장이 있었다. 〈한책협〉은 매주 화요일 7시 30분에 줌으로 의식성장 수업을 한다. 나는 평소에도 마인드, 멘털 관리에 관심이 많았다. 그랬던 터라 책 쓰기 과정 수업에 등록하면서 바로 의식성장 수업에도 등록했다. 이곳의 마인드 관리는 그동안 내가 알고 들었던 것과는 차원이 달랐다.

이곳에서 말하는 의식이란 무엇일까? 그건 바로 'I AM', 나였다. 나는 의식성장 수업을 들으며 내가 왜 지구별에 오게 되었는지, 어떻게 이 지구별에서 행복을 누리며 살아야 하는지 등 나라는 존재에 대해 정말 자세히 알게 되었다. 이미 사후세계에서 내 현생을 계획하고 태어났다는 것, 의식성장, 영혼의 성장, 영적 진보를 위해 내가 태어났다는 사실을 알고 나는 놀라움을 금치 못했다. 내가 태어나 겪어온 시련과 고통들이 나를 성장시키기 위한 하나의 과정이라는 것도 새로움 그 자체였다. 시련은 나쁜 게 아니라, 변형된 축복이었다. 내가 이 시련을 잘 견디고 버티고 이겨내면 나는 한 단계 더 높이 영적 성장을 이루게 되는 것이었다.

우주의 주인은 나다. 나는 창조주의 소중한 딸이다. 그런 내가 원하는 삶, 가슴이 떨리는 삶을 살지 못하고, 남의 눈치나 보면서 나라는 존재를 잊고 살아온 것이다. 그래서 내 삶은 늘 괴로움 가득한 삶이었고, 억지로 버티는 삶이었고, 즐겁지 못한 삶이었다.

그저 성실히 열심히만 살면 언젠가는 부자가 되고 성공하는 줄로만 알았다. 그렇게 가난한 마인드를 버리지 못하고 늘 가난한 사고를 하며 살아온 것이다. 그래서 열심히 살아도 내 삶은 더 힘들어지면 힘들어졌을 뿐, 나아지고 발전하는 게 전연 없었다. 가난한 사고에서 부자의 사고로 바꾸지 않으면 내 삶은 절대 바뀌지 않을 것이었다. 과거와 결별하지 않으면 미래와 결별하게 된다는 대표님 말씀을 듣고, 나는 내 모든 행동을 과거와 반대로 하기 시작했다. 가난한 사고는 전부 휴지통에 버리고 성공한 부자들의 사고를 그대로 따라 했다.

《부자의 사고 빈자의 사고》의 저자 이구치 아키라(井口晃)는 젊은 나이임에도 매년 10억 원이 넘는 수입을 올린단다. 그의 시작은 너무나 초라했지만, 자신의 사고방식을 부자의 사고방식으로 전환한 결과 인생 대역전에 성공한 것이다. 평범한 우리가 부자가 될 수 있는 방법은 단 하나, 성실함보다는 부자의 사고방식을 갖추는 것이라고, 그는 힘주어 말했다.

이 책을 읽은 후 수십 년을 노력해도 바뀌지 않던 나의 삶이 한순간에 급격히 변하기 시작했다. 내가 변하니 정말 모든 것이 바뀌었다. 내 사고가 내 감정을 만들었고, 이런 감정이 내 행동을 바꿔놓기 시작했다. 매일매일 카페에 들어가 댓글을 달면서 나는 엄청난 에너지를 얻을 수 있었다.

처음엔 댓글 다는 게 과연 도움이 될까, 생각도 했었다. 하지만 댓글을 달면서 나는 내 생각을 꺼내 표현하기 시작했다. 늘 주워 담기만 하던 인풋의 삶이 아웃풋의 삶으로 바뀌는 순간이었다. 그로써 내 내면은 치유되기 시작했다. 책을 쓰는 시간은 나 자신과 함께하는 소중한 시간이었다. 내 내면을 들여다보면서 나는 내가 누구인지, 어떤 존재인지 정확히 알게 되었다. 앞으로 내가 어떤 삶을 살아야 하는지도 아주 명확해졌다.

성공한 사람들에게는 특별한 습관이 있다. 잠들기 전 30분 동안 행복한 상상을 하는 것이다. 꿈을 이룬 자신의 모습을 그리거나 가지고 싶은 물건을 소유하는 상상을 하는 것이다. 그들은 그런 상상만으로도 자신이 그린 미래의 자신의 모습이 머지않아 현실이 된다는 걸 잘 알고 있다. 사람은 자신이 생각하는 대로 인생을 살게 된다. 평소 어떤 생각을 하느냐에 따라 그의 인생 방향이 결정된다. 잠들기 전 꼭 자기암시 시간을 가질 것을 내가 강추하는 이유다.

형이상학자이자 신비주의자였던 네빌 고다드의 말이다.

"잠들기 직전의 시간을 현명하게 쓰십시오. 소원이 성취되었다는 느낌을 사실로 받아들이면서 그 분위기 속에서 잠자리에 드십시오. 밤에 차원이 더 높은 세상에서 깊은 잠에 빠졌을 때 사람들은 이 땅 위에서 후에 상영될 드라마들을 보고 그 역할들을 연기합니다. 내부의 위대한 자아가 읽고 연기한 대로 이 땅 위의 드라마, 즉 현실은 펼쳐집니다. 잠에 빠졌을 때 마음을 지배하는 감각들은 당장은 현실이 아닐지라도 곧 현실 속에서 그 모습을 드러낼 것입니다."

그는 상상력을 통제하는 이런 훈련을 하고 나서 최고의 형이상학자로 거듭난다. 그 역시 잠들기 전 자기암시로 자신의 모든 소망을 실현할 수 있었던 셈이다. 우주의 법칙인 자기암시를 활용하면, 평범한 사람은 비범한 사람이 되고 가난한 사람은 부자가 된다. 지금보다 더 나은 인생을 원한다면 반드시 우주의 법칙인 자기암시를 공부하라. 자신의 꿈을 실현하는 도구로 써라.

나도 매일 잠들기 전 나의 소망이 이루어진 상상을 했다. 베스트셀러 작가가 되고, 수많은 곳에서 강연 요청이 들어오고, 내 이름으로 된 50평대 아파트에서 영성 도서를 읽으며 차 한잔 마시는 여유로운 내 모습을 상상했다.

책이 출간되자마자 정말 나는 베스트셀러 작가가 되었다. 나는 내면에 잠재된 이 상상의 힘을 이용하면 꿈, 돈, 건강 면에서 더 나은 인생을 살 수 있다고 확신한다. 의식성장 수업 때 배운 상상의 힘은 내가 이전에 읽었던 론다 번(Rhonda Byrne)의 책《시크릿》속 끌어당김의 법칙과 유사했다.

끌어당김의 법칙은, 어떤 생각을 할 때 그 생각과 비슷한 다른 생각들을 끌어당기게 된다는 것이다. 필요한 돈을 이미 가지고 있는 상상, 자기 분야에서 최고가 되는 상상을 하면, 그 상상이 현실이 된다는 것이다. 그러니 상상의 힘은 하나님이 주신 최고의 영적 도구가 아니겠는가.

매주 화요일 2시간의 의식성장 수업을 들으면서 내 인생은 확 뒤집혔다. 상상도 못 할 만큼 너무 빠르게 변화하고 있었다. 나는 그런 하루하루가 너무나 행복했다. 성공해야지만 행복하리라 생각했었다. 그래서 현재의 성공에만 초점을 맞추며 미친 듯이 열심히 살아왔다. 하지만 내 인생엔 아무런 변화가 없었다.

결과가 아닌 끝에서 시작해 성공을 거머쥐어라. 이미 내가 원하는 게 이루어졌다고 믿으며 그 과정을 즐겨라. 그러면서 행복을 누리는 것이다. 이걸 깨달은 후 나는 내 삶이 나의 놀이터라고 생각했다. 그러자 너무너무 행복했다. 이제 내게 삶은 억지로 버텨내는 대상이 아니라, 하루하루 놀이로 생각하고 즐기는 그런 것이었다. 나는 무조건 열심히만 사는 게 아니라, 특별한 지구별의 내 삶을 즐겨야 한다는 걸 깨달은 것이다.

나라는 존재가 어떤 존재인지 깨닫고 나자 온 우주가 달리 보였다. 내가 즐겁고 행복하니까 모든 일이 신기하게 잘 풀리기 시작했다. 내면세계가 행복하니 얼굴은 자연스럽게 빛났다. 네빌 고다드는 꿈 실현 방법을 《5일간의 강의》에서 이렇게 말하고 있다.

"궁극적 목표와 하나가 되었다는 생각 속에 의식을 두는 겁니다. 여러분이 이미 원하는 존재가 되었다는 것을 사실로 받아들이십시오. 비록 지금은 그게 현실로 드러나지 않을지라도 계속 그 믿음을 유지한다면 현실로 드러날 것입니다."

나는 네빌 고다드의 말대로 내가 원하는 것과 하나가 되었다는 상상을 늘 하고 있다. 원하는 목표를 이룬 후의 감정까지 생생하게 느끼고 있다. 우주는 내 느낌을 듣는다고 한다. 그러니 이런 느낌을 계속 유지한다면 내가 원하는 게 반드시 현실로 이루어지리라 믿는다. 반드시 소망이 실현되리라 믿는다.

의식이 답이다. 나는 의식성장에 내 삶의 최우선 순위를 둘 것이다. 의식만이 유일한 실체이기 때문이다.

내 인생뿐만 아니라
다른 사람의 삶에
긍정적인 영향 미치기

나는 텔레마케터로 오랜 시간 일해 왔다. 다른 일을 하고도 싶었지만, 두려움 때문에 늘 생각에만 그쳤었다. 행동으로는 옮기지 못한 것이다. 생각만 하다 보면 1년은 금세 지나갔다. 삶은 크게 나아진 것도 없이, 체력만 떨어져 갔다. 여기저기 아픈 몸만 남게 되었다. 20대에 이 일은 시작해 지금 40대가 되었으니 참 오래도 했다. 이 일이 내게 전부라 생각했던 세월이었다.

그러다 이대로는 안 되겠다 싶어 나는 그동안 계속 지켜봐 온 〈한책협〉을 방문했다. 유튜브 〈김도사TV〉에서는 '자기계발의 끝판왕은 책 쓰기다. 책을 써서 대중에게 나를 알리지 않으면 이제는 성공할 수 없는 시대다. 세상은 나의 스토리를 기다린다. 나, 김도사를 찾아와라'라는 메시지를 전하고 있었다. 나는 무조건 책을 써야지, 마음먹고 컨설팅 예약을 잡고 〈한책협〉을 방문하기에 이르렀다. 그리고 곧바로 상담에 들어가게 되었다.

내 이야기를 쭉 들은 김태광 대표님은 "이제는 가르쳐야죠"라는 한마디만 하셨다. 나는 바로 책 쓰기 과정에 등록했다. 그러곤 어마어마한 속도로 첫 번째 책 《TM은 결과로 말한다》가 출간되었다. 책은 나오자마자 베스트셀러가 되었고 내 삶은 승승장구하기 시작했다. 책을 내고 나니 나를 보는 주변 사람들의 시선은 백팔십도로 달라졌다. 나에겐 뭐든 할 수 있다는 자신감이 생겼고, 퍼스널 브랜딩에 성공한 나는 이제 내가 가진 지식과 경험과 노하우를 후배들에게 아낌없이 전해주고 싶어졌다. TM에서 정말 중요한 마인드, 멘털 관리 기법을 전하며 선한 영향력을 끼치고 싶다는 마음도 커졌다.

〈한책협〉은 단순히 책 쓰기를 가르쳐 작가만 배출하는 곳은 아니었다. 만약 책만 쓰고 끝난다면 삶은 또다시 예전으로 돌아갈 것이었다. 하지만 〈한책협〉은 책을 써서 경제적 자유인이 되도록 이끄는 곳이었다. 가장 중요한 건 의식이라며, 의식이 변하지 않으면 아무 소용도 없다고 가르쳤다. 그러면서 부자 마인드, 부자 사고를 아낌없이 전수해주었다.

처음에 나는 '의식성장 수업, 그게 크게 도움이 될까?' 싶었다. 지금은 내가 들은 의식성장 수업이 진짜 신의 한 수였다고 믿지만 말이다. 의식성장 수업을 통해 나는 영성 도서들도 알게 되었다. 그 책들에 비해 그동안 내가 읽었던 책들은 정말 내 삶에 아무 도움이 안 된, 인풋용 책에 불과했음도 느꼈다. 매년 수백 권의 책을 읽으면 뭐 하나? 인생이 하나도 변하지 않는데….

〈한책협〉에서는 매주 화요일마다 의식성장 수업이 진행된다. 영성 관련 책들도 많이 인용된다. 나는 월 3,000만 원 버는 코치가 되기에 앞서 무엇보다 의식성장을 최우선 순위에 두려 한다. 의식성장이 되어 있지 않은 사람이 물욕만 부리다 결국 그 욕심이 죄를 잉태하는 모습을 너무 많이 봐왔다. 물적, 영적으로 성장해 있지 않으면 부자가 된다고 한들 내가 진심으로 원하는 삶을 살 수 없으리라는 깨달음이 있었다. 의식만이 답인 셈이다. 의식을 성장시켜 나의 가치와 몸값을 올리고 지식이 돈이 되는 삶을 즐기는 행복한 코치가 될 것이다.

매월 3,000만 원 이상의 수입을 벌어들이는 코치가 된 내 모습을 상상하노라면 기분이 정말 좋다. 그냥 행복하다. 3,000만 원은 지금까지 매일 8시간씩 죽어라 일해도 만지기 힘든 돈이었다. 16년 동안 텔레마케터로 일하면서 월 3,000만 원 이상 벌어본 건 정말 손꼽을 정도다. 그러기 위해선 자유마저 포기해야 했다. 나는 직장에 다닐 때 돈도 벌면서 평일에 자유롭게 돌아다니는 사람이 그렇게 부러울 수 없었다.

나도 성공한 작가가 되어 자유로운 삶을 살 것이다. 책을 써서 퍼스널 브랜딩 했으니, 이제 월 3,000만 원의 수입을 올리는 텔레마케팅 코치가 될 일만 남았다. 자유롭게 하고 싶은 일을 하며 사는 삶, 그게 바로 천국의 삶 아니겠는가.

경영학의 아버지라 불리는 피터 드러커(Peter F. Drucker)는 저서 《프로페셔널의 조건》에서 다음의 일곱 가지를 조언하고 있다. 배우고, 익히고, 실천하기 위해선 그의 이 조언들에 귀 기울일 필요가 있으리라.

첫째, 목표와 비전을 가져라.

둘째, 신들이 보고 있다.

셋째, 끊임없이 새로운 주제를 찾아 공부하라.

넷째, 사기 일을 징기적으로 검토하라.

다섯째, 새로운 일이 요구하는 것을 배워라.

여섯째, 피드백 활동을 하라.

일곱째, 어떤 사람으로 기억되기 바라는가?

피터 드러커는 지금보다 더 나은 사람이 되려면 목표와 비전을 갖고 끊임없이 공부하라고 충고한다. 그리고 자신이 어떤 사람으로 기억되기를 바라는지 스스로 질문해야 한다고 말한다. 사실 사람들이 꿈을 가지고 그것을 실현하기 위해 노력하는 것은 자신이 바라는 인물이 되기 위해서가 아닌가. 그러나 다른 사람들에게 해를 가하거나 원한을 갖게 하는 꿈이라면, 그건 진정한 꿈이 아니다. 이런 꿈은 절대 실현되지 않는다. 진짜 꿈은 내 인생뿐만 아니라 다른 사람의 삶에 긍정적인 영향을 미치고 변화를 일으키게 한다.

나는 그동안 쌓아온 나의 지식과 경험을 첫 책 속에 아낌없이 쏟아부었다. 열심히 텔레마케팅을 하는데도 왜 쉽게 계약이 되지 않는지, 텔레마케터가 얼마나 매력적인 직업인지, 어떻게 하면 계약을 쉽고 빠르게 잘할 수 있는지, 텔레마케팅의 핵심 기술과 노하우, 텔레마케팅으로 성공할 수 있는 방법 등을 알려주었다. 정말이지 나는 내 경험이 필요한 사람들에게 아낌없이 내 경험을 나눠주고 싶었다.

그래서 한 권에 그치지 않고 계속 책을 펴낼 생각이다. 책을 보고 나를 찾아오는 사람들에게 내 노하우를 아낌없이 코칭해줄 것이다. 그동안 배움을 통해 내 인생을 확 뒤집은 것처럼, 나 또한 코칭을 통해 마음과 삶이 힘든 사람들을 도와주고 싶다. 어두운 인생 터널에 갇혀 있는 분들에게 밝은 빛을 선사해주고 싶다.

만약 책을 쓰지 않았다면 나는 평생 콜만 하면서 가난한 마음으로 살았을 것이다. 부정적인 마음으로 신세 한탄만 하면서. 나는 정말 진짜 잘되고 싶었다. 내 분야에서만큼은 크게 성공하고 싶었다. 그래서 세상에 나의 존재를 알리려 책 쓰기를 선택했다. 사실 나처럼 지극히 평범한 사람에게 저비용으로 고도의 홍보 효과를 노릴 수 있는 비책은 책 쓰기밖에 없었기 때문이다. 그래서 책 속에 나의 모든 지식과 경험과 깨달음을 쏟아부은 것이다. 간절한 꿈만 있으면 힘든 현실과 불안한 미래는 아무런 문제가 되지 않는다. 꿈을 실현하는 순간 자연스럽게 문제들이 해결되기 때문이다.

사람들은 성공해야 책을 쓸 수 있다고 생각한다. 그러나 이는 착각이다. 책을 써야 더 빨리 성공할 수 있다. 내가 온종일 책상 앞에 앉아 콜만 해댔다면 일 잘한다고 회사에서는 유명했을 것이다. 세상이 나를 알 방법은 전혀 없었을 테지만.

우리가 빠르게 성공하려면 자신의 이름을 세상에 알리는 방법밖에 없다. 나는 내가 필요한 사람들에게 내 모든 걸 아낌없이 전해주고 가르쳐주고 싶다. 그렇게 내 가치를 부지런히 높여 내 수입을 내가 결정할 것이다. 과거의 나처럼 힘들게 사는 사람들에게 내가 가진 지식과 경험, 노하우를 나눠줄 수 있다는 상상만 해도 너무나 행복하다. 끝에서 시작하는 나의 삶은 행복 그 자체다. 나는 내 인생뿐만 아니라 다른 사람들의 삶에도 꿈과 희망을

심어주고자 한다. 그렇게 선한 영향력을 끼치는 아름다운 사람
이 될 것이다.

조
숙
경

내 삶은 가족과 함께하면서 성장했다

우리 부부는 우스갯소리로 3대가 덕을 쌓아야 가능하다고 말하는 주말부부다. 남편은 오랫동안 하던 일을 그만두고 한동안 쉬면서 다른 일자리를 알아봤다. 하지만 쉽게 구해지질 않았다. 할 수 없이 가족 모두가 고향으로 돌아가려고 준비하게 되었다. 그리고 준비를 끝낼 무렵, 우연히 남편이 일자리를 다시 구하게 되었다. 남편에게 새로운 일자리가 생겨 기뻤지만, 귀향을 위해 준비한 것들을 되돌릴 수는 없었다. 그렇게 하는 수 없이 남편과 난 주말부부가 되었다.

생각지도 못한 주말부부가 되어 아쉽기도 하고 걱정도 되었다. 남편은 먹는 걸 좋아해 끼니를 안 챙길까 봐 걱정은 안 되었다. 하지만 함께 살 때는 그나마 건강식 위주의 식단이라도 챙겨주었었는데…. 혼자 살게 되면 아무래도 건강식보다는 간편식 위주로 먹게 되지 않을까, 걱정되었다. 인스턴트 식품을 많이 먹어 건강을 해치게 될까 봐 염려된 것이다.

함께 살던 가족이 떨어져 살게 되니, 서로에 대한 그리움과 지난날 좀 더 잘해 주지 못한 데 대한 미안함을 많이 느끼게 된다. 또한, 자주 못 보다 보니 만날 때는 반가움이 더 크게 느껴진다. 가족의 소중함과 사랑이 확연히 마음을 파고든다. 남편이 오랜 친구 같다는 생각도 들고, 같은 배를 탄 동반자로서 든든함마저 안겨준다.

함께 생활할 때는 남편이 내 편이 아니라 남의 편 같다는 느낌을 받은 적도 있었다. 어떤 일에 대해 남편의 위로와 공감을 얻고 싶었는데, 남편 혼자 판단하고 결론을 내려고 해서 더는 대화가 안 될 때도 있었다. 하지만 지금은 다행히 많은 면에서 공감도, 배려도 아끼지 않아 고마울 뿐이다.

예전 아이들이 어렸을 때 남편은 육아에 함께 참여하지 않았다. 아이들이 중·고등학교에 다닐 때도 아이들과 소통하려고 하지 않았다. 나는 그런 남편이 마음에 안 들고 답답했다. 무던한 성격을 탓하는 건 아니지만, 아이들을 그냥 방관하고 있다고 느꼈기 때문이다. 육아에 적극적으로 참여하고 아이들과 소통하는 아빠를 원했는데, 남편은 그러지 못했다. 혼자서 고군분투하며 아이들을 키운다는 생각마저 들었다. 그래서 한동안 남편을 이해하지 못했었다.

남편과 나는 남들보다 일찍 결혼해 아이들을 두었다. 어린 나이에 결혼한 우리 부부는 엄마, 아빠의 역할에 참 서툴렀다. 그저 각자 자신의 부모를 보며 배운 방식으로 아이들을 돌보려고 했다. 그도 아니면 각자 자신의 부모가 했던 양육 방식과 반대로 하려고만 했다. 물론 내가 느낀 결핍을 아이들에게는 겪게 하고 싶지 않아 더 노력한 부분도 있다. 그런 노력이 아이들에게 부담을 준 적도 있지만. 그러다 시간이 지나 아이들이 그 부분에 감사한 마음을 가지고 있다는 걸 알게 되었다. 참 고마웠다.

성인이 된 아이들과 중년이 된 우리 부부는 함께 예전의 일들을 이야기할 기회가 생길 때면 조금씩 대화를 나눈다. 아들은 어릴 때는 아빠를 이해하지 못했다고 한다. 그런데 지금 아빠 나이가 되고 보니, 지난날의 아빠가 조금씩 이해된다고 이야기한다. 만약 자신이 아빠처럼 일찍 결혼해 자식 낳고 가족을 부양해야 한다면 잘 못해낼 듯하다면서. 그런데 아빠는 아이도 낳고 직장도 다니면서 결혼 생활을 꾸려나갔으니, 대단하다는 생각이 든다고도 한다. 그렇게 아빠를 부러워하기도 하고 자랑스러워하기도 한다.

아들은 지금 해외에 있다. 처음 가족과 떨어져 해외에 나가게 되었을 때는 가족에 대한 미련이 별로 없어 보였다. 하지만 몇 년을 가족과 떨어져 생활해온 아들은 이제 가족과 함께했던 때를 많이 그리워한다. 부모님에게 잘못한 일들이 많이 생각난다며, 그땐 왜 그렇게 행동했는지 모르겠다고 후회한다. 우리 부부에게 감사하는 마음, 존경하는 마음을 표현하는 것도 잊지 않는다.

아들은 철이 들어 있었다. 그 같은 아들의 고백을 듣는데 마음이 뭉클했다. 육아에 부족하고 서툴렀던 엄마로서 아이들에게 잘 못 해줬던 것들이 생각나 미안했다. 혼자 사는 아들의 거처에 처음 갔다 왔을 때 공항에서 참 많이 울었다. 마음이 너무 아팠다. 좁은 집에서 혼자 끼니를 챙겨 먹으며 공부하고 아르바이트까지 하는 아들이 대견하면서도 고생하는 모습에 마음이 많이 쓰였다.

아들은 공부도 재미있고 아르바이트도 힘들지만 재미있다고 했다. 그런 아들이 가여워 조금이라도 힘이 되어주고 싶었다. 하지만 아들은 자신도 이제 성인이니 부모님에게 손 벌리고 싶지 않다고 했다. 아들은 지난해 대학을 졸업하고 바로 취업이 확정되었다. 어리다고만 생각했었는데…, 아들은 내 생각보다 더 의젓하고 독립적이며 건강한 마인드를 지니고 있었다. 잘 성장해준 아들이 참 대견하고 고마웠다.

남편과 떨어져 있다가 남편이 집에 오는 날이면 남편이 좋아하는 반찬들을 만드느라 바쁘다. 식성이 까다로운 편이 아닌 남편은 내가 해주는 반찬들을 모두 잘 먹는다. 표현을 잘 하지 않는 성격인지라 맛있는 걸 해줘도 크게 반응을 보이지는 않는다. 그럴 때면 나는 꼭 묻는다. "맛이 어때?"라고. 그러면 남편은 "괜찮아"라고 딱 한마디 한다. 남편의 그 말이 성에 차지 않은 나는 "괜찮다는 건 맛있다는 거야? 아님, 맛은 없지만 먹을 만하다는 거야?"라고 되묻는다. 그러면 남편은 다시 생각해본 후 "맛있다는 거야"라고 답한다. 나는 남편에게 그럼 다음부터는 괜찮다고 말하지 말고 "맛있다"라고 말해달라고 한다. 이런 나의 주문에 남편은 고개를 끄덕인다.

남편과 나는 연애가 아닌 중매로 결혼했다. 한동네에 살았던 터라 양가 어른들은 서로 조금씩 알고 있었다. 남편과 나는 전혀 모르는 사이였지만 엄마 친구인 시숙모가 중매를 서면서 일사천리로 결혼이 진행되었다. 친정 오빠의 친구의 형이 지금의 남편이다.

남편과 선보고 두 달 만에 결혼하고 아이를 낳고 결혼 생활이란 걸 해나가게 되었다. 다시 말해 나는 준비가 전혀 안 된 상태에서 갑자기 결혼했고 바로 아기가 생겼고 바로 엄마가 되었다는 뜻이다. 너무 순식간에 말이다.

예전에 나는 일찍 결혼하고 빨리 아이를 가진 것을 불만스러워했다. 그렇다고 무를 수도 없다는 사실이 나를 힘들게 한 적이 있다. 얼토당토않게 내가 원해서 한 결혼이 아니라고 치부하는 것으로 내 힘듦을 카무플라주(Camouflage : 위장, 변장)하기 바빴다. 체력이 약한 나는 육아로 인해 지칠 대로 지쳐도 주위의 도움을 받을 형편이 못 되었다. 그 때문에 나의 인생을 후회한 적도 잠시 있었다. 다행히도 성인이 된 아이들이 나의 노고를 고맙게 생각하고 있어 많은 위안을 받는다.

인생을 사는 동안 우리에게 완벽한 때란 주어지지 않는다. 나 또한 여태껏 살아오면서 완벽한 때를 기다린 적은 없다. 돌이켜 생각해보면 많은 일이 어느 날 갑자기 찾아왔고, 그 일을 무방비 상태로 마주하게 되었다. 결혼도, 아이도 내가 준비하고 기다렸던 선물은 아니다. 그래서인지 나는 나에게 주어진 선물들을 고마워하기보다 힘든 네만 초점을 맞추기 바빴다. 고마움은 뒷전이었다.

아이들이 성인이 되고 남편과 주말부부가 되면서 나 혼자 있는 시간이 많아졌다. 내가 겪고 경험한 내 인생을 생각해보면 후회보다는 참 감사한 순간들이 끊이지 않았다는 걸 깨닫게 된다. 나를 편하게 해준 무던한 성격의 남편도 감사하고, 건강하게 잘

자라준 아이들도 감사하고, 여태껏 내 옆에 계셔준 부모님도 감사할 뿐이다.

여자 형제가 없는 게 불만이었던 내게 많은 언니를 사귀거나 알게 된 기회들이 주어진 것도 감사할 일이다. 약한 체력을 갖고 태어난 나는 살뜰하게 내 건강을 챙겼다. 그런 습관을 들이게 된 것도 감사하다. 그야말로 감사함이 꼬리에 꼬리를 물고 이어지는 삶이었다.

인생의 중반을 향해 가고 있는 지금, 돌이켜보면 육아와 결혼 생활은 나에게 많은 깨달음을 주었다. 아이를 낳고 엄마, 아내, 며느리, 딸로 살면서 삶의 의미를 크게 느끼게 된 것이다. 수많은 일에 맞닥뜨리며 때론 힘들어하고 좌절하고 절망하고 안도하고 해결하고 기뻐하기도 했었다. 나는 진심으로 이 순간순간들을 잘 살아냈다고 자부한다.

삶의 마지막에 이르렀을 때 나에게 참 잘 살았다고 칭찬해주고 싶다. 즐겁고 행복하고 충만하고 가치 있는 인생이었다고 나 자신에게 말해주고 싶다.

가슴 뛰는 삶을 원한다면 내면에 귀를 기울이자

인생에서 우선순위에 둘 건 여러 가지가 있을 것이다. 그중에서 난 건강이 최우선이라고 말하고 싶다. 나는 약하게 태어났고, 어릴 때 특히 병치레를 많이 해 부모님의 걱정을 사곤 했다. 성인이 되어 결혼하고 엄마가 되어 육아와 집안일을 하면서 체력의 한계를 많이 느꼈다. 그래도 아이들을 잘 키워야 한다는 책임감에 아이들에게 넘치도록 사랑을 베풀었다. 강박증이라 여겨질 정도로 아이들을 사랑하는 데 집중했다. 아이들을 통해 나의 어린 시절의 결핍을 보상받고 싶은 마음도 있었던 것 같다.

내가 이렇게 약골인 데 반해 남편은 다행히도 참 건강한 편이다. 잘 먹고 잘 자고 긍정적이고 착한 성격을 지녔다. 그래서인지 어딜 가나 어른들이 참 좋아한다. 결혼할 때도 부모님이 참 좋아하셨다. 사실 난 결혼은 아주 먼 미래의 일이라 여기고 있었고, 큰 기대나 환상 또한 품지 않았었다.

그러다 어느 날 갑자기 내 앞에 나타난 남편과 순식간에 결혼하게 된 것이다. 모든 게 리셋 되는 것 같았다. 처음부터 며느리, 아내, 아이들의 엄마가 되어 있는 느낌이었다. 나는 며느리로서 시댁에 정말 잘하고 싶었다. 엄마로서 아이들을 잘 키우고 싶은 마음도 컸다. 그렇게 지난 시절의 내 삶은 나를 돌보기보다는 가족들에게 인정받으려고 애쓰고 노력하며 산 삶이었다. 이런 나를 시어른들께서도 인정하고 좋아해주셨다. 나 또한 감사하게 생각했다.

그렇게 남편과 아이들, 시댁을 내 인생 최우선에 놓고 살아왔다. 남편과 아이들의 행복이 나의 행복이고 기쁨이었다. 누구나 다 나처럼 사는 줄로만 알았다.

삶을 살다 보면 누구에게나 위기와 시련이 닥친다. 나도 살면서 힘든 상황에 많이 맞닥뜨렸다. 여러 힘든 과정이 있었지만, 그중에서도 남편의 실직이 제일 힘들었다. 물론 당사자인 남편이 제일 힘들었겠지만, 나 또한 힘듦이 만만찮았다. 그때는 그 누구의 도움도 위로가 되지 않았다. 오롯이 나 혼자 그 힘듦을 감당해야 했다. 힘든 시기가 언제 끝날지 몰라 더 답답하고 암담했다. 하지만 되돌아보면 어떤 일이든 반드시 끝이 있었음을 깨닫는다. 힘든 상황 또한 어김없이 지나갔다는 것도.

그렇게 힘든 삶 속에서도 세월은 흘러 아이들은 성인이 되었고, 나도 어느덧 중년의 나이가 되었다. 이제 시간적 여유는 물론 내 마음에도 여유가 생겨 좋다. 나 자신을 돌볼 수 있는 마음의 여유와 시간적 자유로움이 생겨 좋다. 나는 예전부터 하고자 했던 봉사활동을 시작했다.

어릴 때 할머니가 글을 몰라 힘들어하셨는데, 할머니의 그런 애로사항을 해결해주었던 기억이 있다. 지금도 한글을 몰라 힘들어하는 사람을 돕고 싶어 문해 교사로서 봉사하는 시간을 가지고 있다. 문해 교육기관에 오는 어르신들은 대체로 나이가 어느 정도 드신 분들이다. 대략 60대에서 80대의 어르신들이 공부하러 오신다. 한창 공부해야 할 시기에 여자라는 이유로, 가난하다는 이유로 교육받지 못해 가슴에 한이 쌓인 분들이다. 그래서인지 나이 불문하고 배우고자 하는 열의가 그 누구보다 강하다.

특히, 골똘히 생각에 잠겨 한 글자씩 정성스레 받아쓰기하는 모습을 볼 때면, 그 순수함이 그대로 마음에 와닿는다. 영어의 알파벳을 배우고 나서는 "우리 집에 있는 전자 제품이 모두 다 LG네"라며 좋아하셨다. 아는 만큼 보인다고, 예전에 몰랐던 걸 배움을 통해 아시곤 새 세상이 열렸다고 기뻐하고 행복해하신다. 이럴 땐 가르치는 쪽인 나 또한 기분이 참 좋다.

그렇게 봉사활동을 해봐도 내 가슴속엔 채워지지 않는 뭔가가 있었다. 그때 건강이 좋지 않은 상태에서 수업하다 119에 실려 가는 일이 일어났다. 나는 응급실 침대에 누워 지금까지의 내 삶을 곰곰 곱씹어봤다. 내 삶의 주인공으로서 좀 더 적극적으로 살아야겠다고 생각하면서. 나는 지금껏 가족들을 위해 희생했으니, 이제는 오롯이 나를 위해 살리라 마음먹었다.

그러던 중 우연히 〈한책협〉의 대표코치인 김태광 대표님을 알게 되었다. 대표님은 단 3~4개월 만에 수강생들이 책을 출간하도록 도와주는 우리나라 최고의 책 코치였다. 아주 평범한 사람들일지라도 말이다. 나는 이분에게 책 쓰기 교육을 받아야겠다, 내 30년 결혼 생활을 되짚어봐야겠다, 아무에게도 말하지 못한 채 켜켜이 쌓이기만 해온 내 삶 속 한을 한번 정리하고 가야겠다, 라고 생각했다. 그렇게 대표님과 상담한 후 나는 책을 쓰겠다는 마음을 더욱 굳혔다. 이후 나는 대표님의 도움을 받으며 책을 쓰게 되었다.

나는 평소 영성에 관심이 많았다. 책 쓰기 과정 수업을 들을 때 대표님은 자신이 알고 있는 영성과 사후세계, 의식성장에 관한 것들을 제자들에게 이야기해주셨다. 그중 나를 가장 충격에 빠뜨린 것은, 우리가 지구별에 오기 전 사후세계에서 현생의 모든 걸 계획하고 온다는 것이었다. 그러니까 내가 스스로 부모님도 선택하고 형제, 친구, 친척 등을 선택했다는 것이었다. 또한, 지구별에 오기 전 내 영혼이 진화해 나갈 여러 과정을 내가 모두 결정하고 계획하고 온다는 것이었다.

처음엔 이러한 사실들을 믿기 어려웠다. 그러면 모두 좋은 부모, 좋은 환경을 선택하지, 왜 힘들고 어려운 삶을 선택하는지 의문이었으니까. 그러다 그게 전생의 카르마(몸과 입과 마음으로 짓는 선악의 소행)를 해결하고 영혼의 성장을 이루기 위해서라는 걸 알게 되었다.

많은 사람이 현실의 삶 속에서 커다란 고통과 어려움을 겪으며 힘들어한다. 나는 영성과 사후세계를 공부하면서 그 고통과 어려움이 영적 진보를 위한 것이란 걸 알게 되었다. 게다가 현생에서 겪는 그런 일들 모두 내가 선택한 것이라는 걸 알게 되었다. 이 선택들에는 모두 이유가 있으며, 이러한 사실을 깨닫는 게 중요하다는 것도.

나는 어릴 때 받은 상처로 인해 성인이 되어서도 어려움을 겪었다. 책 쓰기를 하면서 그 상처를 치유하려고 오랜 기간 노력하고 애써 왔다는 걸 알게 되었다. 나는 그렇게 노력하고 애써온 나 자신을 칭찬해주고 싶었다. 그러곤 내 삶에서 일어나는 모든 일이 나를 성장시키기 위한 것이라는 사실을 받아들이게 되었다. 그 사실을 인정하고 받아들이면서 내 삶은 많은 부분 달라졌다. 삶을 대하는 태도가 조금씩 바뀌게 되었다.

나는 내 삶의 주인공이 진정 나란 걸 깊이 깨달았다. 그 깨달음을 통해 내게 상처 준 타인을 더는 원망할 필요가 없다는 걸 마음 깊이 느꼈다. 그러자 원망만 가득했던 내 삶에 감사함이 흘러넘쳤다. 나에게 이런 변화가 찾아오면서 나는 그동안의 내 부정적인 마음과 낮은 자존감이 조금씩 회복되는 걸 경험했다.

신은 우리가 견딜 수 있을 만큼의 고통과 어려움을 준다고 한다. 나는 내가 겪었던 그동안의 어려움과 시련이 나의 성장을 위해 신이 준 선물임을 깨달았다. 충분히 감당할 수 있는 시련이었다는 걸 알게 되었다. 그 깨달음 속에 나는 힘든 결혼생활을 잘 인내하며 견뎌온 나를 인정하고 진정 사랑하게 되었다.

지금 우리가 사는 세상은 이원성의 세계다. 우리는 슬픔을 경험함으로써 기쁨을 알고, 불행을 느끼면서 행복을 알게 된다. 그리고 모순적이면서도 궁극적으로는 서로 통하는 이런 감정들을 느끼고 경험하면서 영혼의 성장을 이뤄나가게 된다. 이 모든 것들을 이미 계획하고 이 세상에 왔으니, 회피하지 말고 맞서 나가야 할 것이다.

내 삶의 주인공으로서 내가 진정 원하는 것, 하고자 계획한 것을 이루기 위해서는 나의 내면에 귀 기울여야 한다. 가슴 뛰는 삶을 살기 원한다면 내 안에서 답을 찾아내야 한다. 그러다 보면 더는 다른 사람들에게 휘둘리지 않고, 내적인 충만함과 기쁨을 느낄 수 있을 것이다.

나에겐 앞으로 이루고 싶은 꿈이 있다. 나처럼 한평생 가정주부로 살면서 가족의 행복이 내 행복인 양 살아온 사람들에게 제2의 인생을 열어주고 싶다. 우리에겐 분명 각자 좋아하고 잘하는 것이 있다. 바로 그러한 것들을 찾아내 삶의 기쁨과 행복을 만끽하게 해주고 싶다. 또한, 중년들도 더는 가족에게만 목매달게 아니라, 독립적인 삶을 살아야 한다는 걸 알려주고 싶다. 그러면서 나도 함께 성장하고 싶다.

황문섭

전 세계에 선한 영향력을 펼쳐가겠다는 원대한 꿈

삶의 마지막 순간을 앞둔 사람들이 가장 후회하는 것이 있다고 한다. 바로 자신의 삶을 살지 못했다는 후회다. 대부분은 죽음의 순간이 닥쳐야 비로소 자신의 삶을 되돌아보곤 무엇인가 상당히 잘못되었다는 걸 깨닫는다고 한다. 그때 후회해봤자, 한탄해봤자 이미 늦지만 말이다. 부모님의 기대에 맞추느라, 다른 사람들의 기준에 맞추느라, 자신의 진짜 기준이 무엇인지도 모른 채 살다 나중에 깨닫는 것이다. 자신이 타인의 삶을 살아왔다는 걸.

나도 어느덧 마흔 줄에 들어섰다. 마음은 아직도 20대 청춘인데 말이다. 시간이 쏜살같이 지나가 버린 느낌이다. 어릴 적 나는 경제적으로 매우 힘든 환경에서 자랐다. 그런 속에서도 어머니는 언제나 나에게 희망만을 말씀하셨다. 무한한 용기를 불어넣어 주셨다.

"항상 엄마에게 가장 큰 희망인 우리 큰아들은 반드시 잘될 거야. 세상을 바꿀 큰 사명을 갖고 태어났거든. 엄마가 내다봤어. 확신해"라고 말이다.

자식 향한 어머니 마음은 모두 같겠지만, 나는 우리 어머니의 따뜻한 그 한마디에 얼마나 많은 용기를 얻었는지 모른다. 아니, 그 말 그대로 믿고 싶었는지 모르겠다. 어머니는 인생의 괴로움을 맛본 사람만이 진짜로 사람들을 구제해낼 수 있다고 말씀하셨다. 그래야 리더의 자격이 주어진다고도 하셨다. 사업 실패로 매일 술만 드시는 아버지는 차치하더라도, 아들만 바라보며 사시느라 한 여자로서 매우 외로우셨을 우리 어머니. 나는 꼭 성공해 어머니를 최고로 행복하게 해드리고 싶었다.

나는 되뇌었다. 수없이 되뇌었다. '나는 반드시 세상의 빛이 되겠다. 나는 인류에게 희망을 주는 훌륭한 사람이 되겠다. 나는 훌륭한 리더가 되겠다'라고.

나는 누구보다도 청춘 시절을 도전하며 살았다고 자부한다. 결정적인 삶의 순간엔 나의 한계를 깨부수기 위해 많은 용기를 내기도 했다. 나는 나를 싸고 있는 껍질을 계속 쪼았고, 껍질이 부서질 때마다 내 의식이 변화하는 걸 느꼈다. 때론 해외로 어학연수를 가는 친구들의 여유가 부럽기도 했었다. 그럴 때마다 나는 나 자신을 채찍질하며 내 그릇을 크게 키우는 데만 오롯이 집중했다. 어제의 나보다 조금이라도 성장했는지 점검하며 치열하게 20대를 보냈다.

미국의 서브프라임 금융위기로 인해 취업난이 매우 극심했던 2009년. 나는 한 명만 공채하는 대기업 재무팀에 수백 대 일의 경쟁률을 뚫고 합격했다. 그 소식을 듣고 어머니는 눈물을 흘리셨다. 나도 내 인생의 목표를 다 이룬 것처럼 행복했다.

사회에 적응하기 위해 나는 새로운 도전을 시작했다. 인내심 하나만큼은 청춘 시절 단련되어 있던 나였다. 힘든 시기가 있었음에도 나름 잘 견디고 버티며 사회생활을 해나갔다. 연차가 쌓이면서 승진도 했다. 회사에서도 인정받고 핵심부서에 배치되어 팀을 이끌게 되었다. 그러면서 결혼도 하고 어느새 두 아이의 아빠가 되었다. 지금은 회사 간부, 한 가정의 남편 또는 아빠의 역할에 최선을 다하고 있다.

이제 어느 정도 삶도 안정되고 회사 생활도 15년 차에 접어들게 되었다. 하지만 마흔 줄에 들어서면서부터 뭔가가 내 안에서 계속 꿈틀대기 시작했다. 그 '무언가'가 무엇인지 알 수 없어 내 마음은 공허하기만 했다. 앞으로도 이렇게 평범한 삶을 살아가야 하나, 허전한 느낌이 계속 들었다. 다른 사람들처럼 나도 온전한 내 삶을 살지 못했다는 회한에 가득 차 삶을 마무리하게 될 것만 같았다.

얼마 전 생일 때였다. 어린 딸들이 생일 축하 노래를 사랑스럽게 부르며 초가 꽂힌 케이크를 내게 가져왔다. 나는 촛불을 끄려고 케이크 가까이에 입을 갖다 댔다. 그 행복한 찰나였다. 내 머릿속을 뭔가가 스치고 지나갔다. 그저 흘러가는 대로 내 인생을 저렇게 내버려두면 어떻게 될까? 꺼져버리는 저 생일 케이크의 촛불처럼 어느 순간 영원히 잊히지 않을까? 그러면 죽음을 앞둔 대다수 환자처럼, 내 삶을 살지 못했다고 후회하며 나 또한 그렇게 가겠지, 싶었다.

지금 이 순간이 바로 펜을 들어야 할 시점이라는 생각이 스쳐 지나갔다. 나는 나의 스토리가 담긴 책을 쓰고 싶었다. 사실 나는 청춘 시절부터 청년들의 진정한 멘토가 되고 싶었다. 많은 청춘에게 희망을 전하면서 그들에게 자신만의 색깔을 찾게 해주고 싶었다. 나의 진심 어린 격려에 실제로 몇몇 젊은 친구들은 힘을 얻고 소생하는 모습을 보이기도 했다. 이는 내게 열심히 살아갈 이유가 되어주기도 했고.

내 이름이 새겨진 책, 《만일 내가 다시 스무 살로 돌아간다면》이 곧 세상에 나올 예정이다. 나는 이번 내 생의 미션을 이렇게 정했다. 청년들에게 꿈과 희망을 찾아주고 그들의 진정한 힘을 끄집어내게 도와주는 역할. 이것이 내가 이 땅에 태어난 사명이 아닐까, 하는 생각이 들었다.

어느 순간 내 안의 그 '무언가'가 어릴 때 우주에 보냈던 내 되뇜의 메아리였다는 생각이 스쳐 지나갔다. 인류에게 희망을 주는 훌륭한 사람이 되겠다는 어릴 때의 간절했던 소망. 이 소망을 실천할 수 있도록 우주가 나에게 계속 신호를 보내고 있었던 게 아닐까, 하는. 책을 쓰면서 우주에 심었던 그 씨앗이 드디어 발아되는 느낌이 들었다. 어릴 때 되뇌었던, 인류에게 희망을 주는 사람이 어떻게 될 수 있을지, 막연했던 안갯속 꿈이 제 모습을 찾아가기 시작했다. 구체적인 상상을 할 수 있게 된 것이다.

나는 계속해서 책을 써나갈 예정이다. 영감이 충만한 책을 저술함으로써 전 세계적 반향을 일으키는 베스트셀러 작가가 되고 싶다. 또한, 책으로써 세계 청년들을 네트워크화하려 한다. 이 네트워크의 목적은 청년들에게 큰 희망을 주고 그들의 무한한 잠재력을 끌어올리는 데 있다. 나는 그 네트워크 속에서 청년들을 상대로 강연하는 내 이미지를 생생하게 그려가고 있다. 특히, 청춘들과 현실 속에서 부대끼며 살려면 무엇보다 그들과 진실하게 소통해야 하는 법. 내가 콤플렉스였던 내 영어를 비약적인 수준으로 끌어올리려 하는 이유다. 나는 모든 강연을 영어로 진행하는 내 모습을 상상하고 있다.

한편, 나는 개인 상담도 이어갈 것이다. 진심이 담긴, 이런 적극적인 소통으로 나는 청년들에게 큰 희망을 줄 것이다. 그들의 무한한 잠재력을 끌어올리는 역할을 할 것이다. 나는 나 자신이 역경을 뚫고 결과로 증명해온 삶을 살아왔다고 자부한다. 그런만큼 삶에 지친 많은 청년이 내 말과 행동에 큰 영향을 받을 것이라 믿는다.

이러한 청년 네트워크를 통해 글로벌 지도자들이 무수히 쏟아져 나오는 행복한 상상을 한다. 우리 네트워크에서 배출된 리더들은 인류의 공통문제를 함께 고민하며 전방위적 활약을 해나갈 것이다. 내 상상이 현실이 된다면 인류는 비약적으로 진보하게 될 것이다.

인도의 마하트마 간디(Mahatma Gandhi)는 이렇게 말했다.

"내가 만약 다시 태어난다면, 불가촉천민(不可觸賤民)으로 태어나고 싶다. 슬픔과 고통, 그들에게 쏟아지는 모욕을 함께 나누고, 스스로를 불가촉천민이라는 처지에서 구제할 수 있도록 노력하기 위해."

고생도 없고, 괴로움도 없다면 사람들의 마음을 제대로 알거나 공감할 수 없다. 진정한 리더가 될 수 없다는 의미다. 간디는 그러한 자세로 민중들의 고뇌를 적극적으로 받아들이고 함께 싸워나갔다. 그가 인도의 민중으로부터 국부라는 칭호를 얻게 된 배경이다.

책을 쓰겠다고 마음먹으면서 나는 내 모든 게 내가 태어나며 원한 결과라는 생각을 하기 시작했다. 그러자 인생 마디마디의 점들이 연결되기 시작했다. 내가 만약 부유한 집안에서 태어났다면, 내가 꾸고 있는 그러한 원대한 꿈을 꿀 수 있었을까?

인생을 이루고 있는 건 결국 '시간'이다. 그러니 누군가의 삶이 아닌 자신의 삶을 살아야 하지 않겠는가. 후회를 남겨서는 안 된다는 말이다. 그러려면 가슴이 시키는 삶을 살아야 하리라. 그래야 인생의 마지막 순간에 여한 없이 웃으며 떠날 수 있을 테니.

마지막 순간이 찾아올 때, 나는 웃으면서 이 한마디를 남기고 떠나고 싶다.

"내 모든 것을 연소하고, 이 세상 즐겁게 놀다 갑니다. 새로운 별에서 또 함께 만나요."

10년 안에 1조 자산가 됨을 꿈꾸다

어릴 때 우리 집은 가난했다. 아버지 사업의 실패로 부모님은 생활비가 부족해 허덕이셨다. 그런 데다 아버지는 매일 술을 드시다시피 하셨다. 지금 짐작하건대 아마도 한 가장으로서 져야 하는 부담감 때문이었지 싶다. 하지만 당시 나는 가족을 힘들게 하는 그런 아버지가 싫었다. 급기야 어머니가 아파트 청소까지 하기에 이르렀다. 그런 어머니의 모습을 볼 때면 마음이 아팠다. 그러면서도 친구들이 볼세라 어린 마음에 무척 부끄러웠다.

하루는 친한 친구 생일파티에 초청받게 되었다. 그런데 정작 생일 선물을 살 용돈이 없었다. 동전을 긁어모아 만든 돈은 딱 1,000원. 그 돈으론 살 수 있는 선물이 없었다. 나는 이런저런 핑계를 대며 친구의 생일파티에 가지 않았다. 아직껏 내 마음 한

구석에 짠한 아픔으로 남아 있는 멍울이다.

어쨌든 세월이 지나니 그 모든 삶의 경험이 나의 스토리 재료가 되고 있기는 하다. 하지만 나는 그런 경험들을 통해 가난이 얼마나 삶을 무너뜨리고 사람을 비참하게 만드는지 뼈저리게 알게 되었다.

유대인은 전 세계적으로 볼 때 대략 1,800만 명이다. 인구수로만 보면 대한민국의 3분의 1 수준에 불과하다. 그런데도 글로벌 100대 기업 중 40%를 소유하고, 세계 억만장자의 30%를 차지하고 있다. 이게 바로 유대 민족의 힘이다.

유대인들은 가난은 죄악이고 세상의 어떤 것도 그보다 더 비참하지는 않다고 가르친다. 대다수 사람은 질병이나 돈을 죄악이라고 생각하는데 말이다. 그러니 유대인들이 어린 자녀에게 돈과 경제를 가르치는 건 너무나 당연한 일일 터. 돈에 대한 유대인들의 이런 사고방식은 나에게 부를 보는 관점과 의식의 중요성을 다시 한번 깨닫게 해주었다.

한편, 부를 창출한 사람들은 하나같이 부에 대한 관점이 보통 사람들과는 달랐다. 부에 대해 긍정적으로 사고하고, 행동하고, 말하고 다녔다. 부를 이상으로 삼고, 밝은 미래를 기대하며 부를 거머쥘 때까지 노력을 멈추지 않았다. 결코, 가난에 끌려가거나 떠밀리지 않았다. 어떤 환경 속에서도 자신이 상황을 받아들이기보다 바꾸는 사람이라고 믿었다.

이는 우리가 그동안 부에 대해 배워온 것과는 반대되는 개념이다. 우리는 어릴 때부터 물질보다 마음이 훨씬 중요하다고 교육받아 왔다. TV 드라마에 나오는 부자들은 하나같이 욕심과 이기심이 가득한 악당으로 묘사되곤 했다. 돈을 밝히면 저절로 죄책감이 들도록 만드는 환경이었다.

학교에서는 자신의 분수를 알고 거기에 맞춰 사는 삶이 가장 이상적이라고 가르치기도 했다. 또한, 가난을 편안히 즐기며 도를 얻는 '안빈낙도(安貧樂道)'의 삶이 현대 물질 사회에서는 오히려 중요할 수 있다고 주입하기도 했다. 이런저런 설들을 차치하더라도 나는 부나 부자에 대한 아무런 비교기준이 없었다. 주변에 큰 부자가 없었기 때문이다. 내가 배운 게 진리라 생각했고, 자연스레 돈에 대해 큰 욕심을 가지지 않았다. 가난을 이기고 성공하려고 오로지 역량향상과 정신적인 성장을 이루려 발버둥 쳤을 뿐.

월리스 와틀스(Wallace D. Wattles)는 《부는 어디서 오는가》에서 이렇게 말했다.

"요청한 모든 것을 실제로 얻은 듯이 생각하고 행동하라. 실제로 그렇게 될 때까지 마치 그것들을 이룬 듯이 살아가라."

이 말은, 상상이 현실이 된다는 믿음을 가지고 실제로 이룬 듯이 살아가면 반드시 뜻대로 된다는 이야기이리라.

나는 10년 안에 1조 자산가가 되겠다는 꿈을 새로이 만들었다. 다소 허무맹랑한 꿈 아니냐고 비아냥댈 수도 있겠다. 하지만 1조 자산가가 되었다고 상상할 때마다 내 가슴은 쿵쾅거린다. 무한한 자신감이 생긴다. 사소한 문제에 일희일비하지 않게 된다. 또한, 지금 나에게 하는 투자도 전혀 아깝지 않다. 삶의 관점이 백팔십도로 달라진 것이다.

나는 우리 인간의 상상력과 잠재의식의 힘을 굳게 믿는다. 사람마다 그 힘이 다른 것은, 자신에게 잠재된 무한한 능력을 믿느냐 안 믿느냐에 따른 차이일 것이다.

나는 10년 안에 1조에 버금가는 부를 창출할 것이다. 그렇게 인간이 가진 잠재 능력의 힘을 증명해 갈 것이다. 가난의 굴레에서 벗어나 풍요를 거머쥘 수 있다는 희망을 많은 사람에게 제시해 줄 수 있으리라 믿으면서.

나는 〈한책협〉의 책 쓰기 과정을 수강한 바 있다. 이는 내가 의식성장에 눈뜨는 계기를 마련해주었다. 특히 〈한책협〉의 김태광 대표님은 극한의 가난 속에서 마인드와 의식 변화를 통해 200억 원 이상의 부를 쌓은 입지전적인 인물이다. 이런 대표님과 만남으로써 내 인생은 전환점을 맞게 되었다.

그가 자신의 저서 《독설 2》에서 알려주는, 부를 얻는 두 가지 공식은 이렇다.
'자신을 부자라고 느끼고 상상할 것'
'시련이 따르더라도 꿈이 이루어지는 중이라고 믿을 것'

대표님은 꿈이 이루어졌다고 확신하며 끝에서 시작하라고 강조한다. 특히 '부는 한꺼번에 압도적으로 밀려든다. 인생에서 가장 중요한 것을 하라. 특히 내 이름으로 된 책을 써서 성공의 반석을 다져라'라고 가르친다.

나는 그의 가르침대로 내 이름 석 자가 새겨진 '책'을 쓰기로 선택했다. 한 권의 책 쓰기를 계기로 나는 계속 내 책을 세상에 내놓으리라는 꿈과 포부를 품게 되었다. 청춘들에게 동기부여 해주는 책뿐만 아니라, 사회에 큰 메시지를 전하는 책도 쓰고 싶다. 나는 우주과학과 물리학에도 관심이 많다. 그런 만큼 내 의식성장과 연결 지어 《허공의 놀라운 비밀》 같은 역작을 써내고 싶기도 하다. 이렇게 영감 충만한 책을 저술함으로써 전 세계적 반향을 일으키는 베스트셀러 작가로 우뚝 서고 싶다. 그리고 그 책 내용으로 강연하는 이미지도 생생하게 그리고 있다.

내 책이 전 세계에 영향을 끼치기 시작한다면, 인세 수입도 상상을 초월하지 않을까. 더불어 수많은 강연 요청을 받으며 전 세계를 누비는 행복한 내 모습도 상상해본다. 그때는 내 의식이 지금과는 비교도 할 수 없을 만큼 높은 차원에 올라 있을 것이다. 내가 원하는 만큼 언제 어디서든 돈이 쏟아져 들어올 테고. 나는 이런 부를 이루어 세계 곳곳에 게스트하우스를 만들려고 한다.

한편, 나는 전 세계 청년들이 소통하고 교류할 수 있는 네트워크를 만들고 싶다. 전 세계 청년들이 네트워크의 일원으로서 서로 교류하며 그 나라를 체험하는 형태로. 이때 전 세계에 만들어놓은 게스트하우스가 거점이 되기도 할 터. 네트워크의 일원인 청년들은 이곳을 매우 저렴하게 이용할 수 있을 것이고. 청년 네트워크의 힘이 클수록 글로벌 기업들의 후원은 상상을 초월하지 않을까. 아마도 내 기대 이상으로 돈이 넘쳐나지 않을까, 싶다. 상상만으로도 설레고 흥분되는 10년 내의 내 청사진이다.

10년 뒤 상징과도 같은 1조의 부를 창출하고 나면, 나는 돈을 멀리하라는 위선자들에게 다음과 같은 이야기를 들려주고 싶다.

"안빈낙도의 삶을 부디 잘 실천해서, 자식에게 그대로 안빈낙도의 삶을 물려주시길 바랍니다."

김한별

나에 대한 믿음의 크기가
인생의 크기를 결정한다

김한별

"당신이 당신 자신을 믿게 되는 순간, 당신은 알게 될 것이다. 당신이 어떻게 살아야 하는지를 말이다."

요한 볼프강 폰 괴테(Johann Wolfgang von Goethe)의 말이다. 나는 자기계발이 몸에 밴 사람이다. 자기계발을 빼고는 내 인생을 논할 수 없을 만큼 매년 치열하게 살았다. 가족 및 주변 지인들은 그런 나를 보며 "한별인 성공할 거야", "제 주변에서 선생님처럼 사는 사람을 본 적이 없어요"라는 말을 수도 없이 해주었다. 그들에겐 내 성공이 이미 예정된 것처럼 보였을지도 모르겠다.

하지만 나는 안다. 열심히만 살았지, 내가 원하는 결과를 만들어내지 못했다는 사실을. 여느 자기계발 서적에 나올 법한 말로 나를 포장하며 "나는 부자가 될 거야", "나는 반드시 내가 원하는 인생을 살 거야"라고 말하고 다녔지만, 한편으로는 '그렇게 살지 못하면 어떡하지?', '인정받지 못하면 어떡하지?' 하는 등 마음 한구석이 늘 불안하고 두려웠다. 내 말에 대한 책임감과 그들의 믿음에 보답해야 할 것 같은 부담감과 불안감이 내 어깨를 짓눌렀다.

이런 나의 불안감은 어디서 비롯된 것이었을까? 나는 세 자매 중 둘째로 태어나 부모의 관심을 많이 받지 못하고 자랐다. 사랑받기 위해 양보하고, 하고 싶은 것, 갖고 싶은 걸 표현하지 못하고 살았다. 내 생각도 감정도 드러내지 못하고 억압하며 어린 시절을 보냈다. 그 누구도 강요한 적 없지만 그리한 건, 나의 생존 본능이 아니었을까.

나를 드러낸 적이 없으니, 나 역시도 내가 어떤 사람인지 모른 채 성장했다. 나는 '착하다'라는 말을 귀에 못이 박일 정도로 들으며 자랐다. 착함이란 단어가 곧 나를 규정하는 말로 받아들여질 정도였다.

또한, 아빠는 항상 말씀하셨다. "한별이는 노력 형이야"라고. 나는 그 말이 참 싫었다. 누구는 거저 얻는 걸 나는 꼭 노력해야만 얻을 수 있다는 말처럼 들렸기 때문이다. 하지만 나는 자라면서 '착함'과 '노력'이라는 말을 떨쳐내지 못했고, 그 말들이 은연

중 내 삶을 지배하게 되었다.

그래서였을까? 나는 착해야 했고, 모든 일에 최선을 다해야 했다. 지금에서야 돌이켜본다. 나는 어떤 사람이었을까? 나는 정말 착하고, 노력 형인 사람이었을까? 남들의 기준에 맞는 삶을 사는 사람이었을까? 20년을 그렇게 살아왔으니 그게 내 삶이 된 건 사실이다. 다만 타인의 기준에 맞춰 살려다 보니, 항상 어깨에 짐을 올려놓은 것 같은 버거움이 나를 지치고 힘들게 했다. 그런 힘겨움이 정점에 이른 순간은 대학교 2학년 때였다.

좋은 사람이 되고 싶었던 나는 타인들의 평가에 민감했다. 그들이 원하는 대로 내 삶의 기준점을 바꾸기 시작했다. 그러자 나는 좋은 사람이 아닌 자존감이 바닥을 친 사람이 되어 있었다. 같은 말과 행동인데도 누군가는 그것들을 내 장점으로 봤고, 누군가는 단점으로 봤다. 어느새 갈피를 못 잡게 된 나는 기준점을 잃은 채 헤매고 있었다. 멘토를 찾고 싶었지만 내게 그런 행운은 주어지지 않았다. 그런 나를 일으켜 세운 건, 다름 아닌 책이었다. 책 속에 등장하는 멘토들은 하나같이 말했다. 모두에게 좋은 사람이 될 수는 없다, 라고.

내가 스스로 온전히 서는 데는 10년 이상의 시간이 걸렸다. 초등학교 5학년, 사춘기가 찾아왔다. 그때 이모가 내게 이렇게 물었다. "한별아, 넌 사춘기가 없었어?" 나는 "아니요, 있었는데요"라고 답했다. 그러자 이모는 "엄마가 언니하고 동생은 요란하게 사춘기를 보냈는데, 넌 조용했다고 하던데"라고 말했다.

그도 그럴 것이, 나는 그 질풍노도 같은 사춘기를 보낼 때도 나 자신을 드러내지 못했으니까. 그냥 그런 느낌이 들었었다. 나를 드러내도 수용되지 못할 것 같은 느낌. 그리고 정말 그렇게 받아들여지지 않는다면 나에게 더는 버텨낼 힘이 없으리라는 그런 절망감. 그런 느낌과 감정이 나를 지배했었다. 매일 밤 울면서 밤을 지새우기도 하고, 탈선, 죽음 등 별의별 생각을 다 했었다. 그리고 이런 시간을 버텨내게 해준 건 다름 아닌 나에 대한 믿음이었다. 내가 이렇게 살아 있고, 힘든 시간을 버텨내고 있는 건 분명 어딘가에 쓰임새가 있기 때문이리라는 믿음 말이다.

그런 믿음이 지금의 나를 있게 했다고 해도 과언이 아니다. 어린 시절 치킨 주문 전화 한 통 못 하던 내가 지금의 내가 되기까지, 나는 나를 극복하려고 수없이 노력해왔다고 자부한다. 내 기분을 전하고는 싶은데 말은 못 하겠고, 그럼 글로 전하는 게 더 낫지 않을까 싶어 한동안 글을 쓰기도 했었다. 그렇게 쓴 편지를 전하지 못한 적도 많지만, 편지를 전함으로써 관계가 멀어진 적도 적지 않았다. 그들은 일방적인 내 감정을 수용하기 힘들었던 것 같다. 그걸 깨달은 나는 편지 쓰기를 그만두었다.

말하고는 싶은데 눈조차 마주치지 못하는 나. 그런 내가 무슨 말을 할 수 있을까 고민하던 중 한 친구를 만나게 되었다. 나는 그녀 앞에서 인중을 보고 말하는 연습, 울면서라도 내가 하고 싶었던 말을 하는 연습을 할 수 있었다. 말수가 적었던 그 친구는 내게 크게 위로의 말을 해주진 않았다. 하지만 그녀는 나의 감정을 온전히 받아주었고, 그 친구로 인해 나는 사람의 눈을 보며 말하는 방법을 터득할 수 있었다.

나는 사랑받고 싶어 하고, 사랑이 넘치는 사람이었음에도 좋은 사람을 만나기가 어려웠다. 사람이 사랑받고자 할 때면 왜 더 사랑받기가 힘든지, 나는 도대체 그 이유를 알 수 없었다. 사람들은 늘 "한별이는 혼자서도 잘하니까"라고 말하며 나를 챙겨주지 않았다. 나는 쓸 돈은 없을지라도 마음의 표현을 통해 주위 사람들을 자주 챙기곤 했다. 친언니가 그런 나를 오지랖이 넓다고 힐난할 정도였다. 네가 그렇게 마음을 퍼줘도 사람들은 기억조차 하지 못한다며, 오지랖 좀 그만 떨고 살라는 말을 내게 수도 없이 했었다. 아빠 역시 내게 챙기는 병이 있다는 말을 종종 하셨다. 언니 말대로 나는 주기만 할 뿐 받지는 못하는 그런 삶을 살아온 셈이다.

그것이 항상 나의 딜레마였다. 마음 가는 곳에 물질이 간다는 데, 주고 싶은 마음을 애써 억누르기는 어려웠다. 그래서 내가 선택한 처신은, 언제 또 볼지 모르는 사람이니 있을 때만큼은 최선을 다하자는 거였다. 주고 잊어버리기. 그것이 내가 선택한 사랑의 방법이었다. 받지 못함으로써 결핍을 느낄지라도 더는 연연해하지 않았다. 오히려 주고 싶은데 주지 못하는 상황이 나를 더욱 힘들게 했다.

나는 사람들과 주고받는 것을 통해 인간관계를 배웠다. 나는 그들이 돈을 어떻게 쓰는지를 보고 그들의 마음을 알아채곤 했다. 그로 인해 마음에 많은 상처를 받곤 하면서. 만나볼 사람 다 만났다고 생각할 때면 또 다른 유형의 사람이 나타나 내 속을 뒤집어놓곤 했다.

나는 그런 불균형적인 인간관계에서 벗어나려 타인에게 휘둘리지 않는, 온전한 나를 만드는 데 많은 공을 들였다. 지금은 누군가가 나에게 어떤 말을 하더라도, 흔들릴 순 있어도 휘둘리지는 않을 만큼의 심지가 생겼다. 그래서 나는 나름 자신했는지도 모른다. 스스로 내면이 단단한 사람이라고.

그런 내 믿음이 틀렸다고 생각하게 된 건 책 쓰기를 배우는 과정에서 의식성장이라는 단어를 만나면서다. 그 말에 의하면 나는 그저 눈앞의 인간관계를 해결하는 데만 주력해온 셈이었다. 그리고 거기에서 얻은 경험을 바탕으로 내면을 다지는 작업을 해온 데 불과한 셈이었다. 더 큰 그림을 보지는 못한 것이었다.

작가가 되기로 한 그 길에서 나는 또 다른 길을 만났다. 열심히는 살았지만, 결과가 없는 삶의 이유를 알지 못했던 내가 '상상', '의식', '끌어당김', '밀어냄' 등의 단어들과 만나면서 그 이유를 알게 된 것이다.

나는 또 다른 그 길이 너무나 궁금했다. 지금까지의 내 인생은 그저 눈앞에 보이는 지극히 현실적인 문제와 누구나 가는 길 위에서 방황한 게 다였다. 그런데 그게 제대로 살지 못한 내 인생의 결과물이라는 사실에 나는 충격을 받았다.

"내가 경험한 모든 것이 내 믿음의 산물이라는 사실. 내가 이 거미줄같이 얽히고설킨 환경의 중심이라는 사실. 그리고 내가 변하면 외부 세계도 변한다는 사실. 이것들을 안다는 것은 참으로 다행한 일입니다."

네빌 고다드의 《상상의 법칙》의 한 구절처럼, 나를 이루고 있는 모든 게 나의 믿음에서 비롯된 것이라니. 나는 나를 믿는다고 생각해왔다. 마음만 먹으면 뭐든 어느 정도는 해낼 수 있다고 생각해왔다. 하지만 이제야 알게 되었다. 내가 나를 믿지 못했다는 걸. 그래서 확인하는 병이 있었는지도 모르겠다. 나는 명확한 사람이지만 명확한 사람이 아니다. 내가 생각한 대로 그저 행하면 되는데, 나는 그걸 꼭 확인하려 들어 오해를 살 때가 많다. 인생에 정답이 있다고 믿었는지도 모르겠다. 그 정답을, 그 확신을 남을 통해 얻으려고 하니 불안감이 더 커질 수밖에 없었다는 걸 이제야 알게 되었다.

나는 이 혼란 속에서 빠져나올 방법도, 이미 내 삶의 목적도 알고 있다. 그건 그저 나를 믿으면 되는 것이다. 나에 대한 믿음이 없으면 그 어떤 좋은 책의 내용도, 조언도 그저 흘려버리게 된다는 걸 나는 경험을 통해 알고 있다. 같은 글귀도 내 의식 상태에 따라 받아들여짐의 유무가 결정된다는 것도.

나는 딸에게 자주 이렇게 말해왔다.

"처음부터 잘하는 사람은 없어. 시아는 이미 잘하고 있어. 시아가 하는 모든 게 답이야. 답이 아니라는 생각이 들 때는 다시 생각해보면 돼. 배우면 되는 거야"라고.

내 말에 아이는 눈물을 글썽거리며 말했다.

"잘하고 싶은데, 다 맞고 싶은데, 틀리면 어떻게?'라고.

그런 딸이 답답하기도 했다. 하지만 이내 알게 되었다. 딸이 답답한 게 아니라 내가 답답했다는 걸. 딸에게 해주는 말은 내가 내게 해주는 말이었다.

깨달음을 알려주는 책은 많지만, 깨달음을 얻는 건 오직 본인만이 할 수 있다는 걸 나는 딸과의 대화를 통해 알게 된다. 수백 번 말한들 딸이 자신을 믿지 않는 한 내 말을 그저 흘려버리게 된다는 걸…. 딸의 모습에서 나는 나를 보게 된다.

깊고 깊은 바닷속의 신비함을 의심하는 사람은 아무도 없다. 그걸 본 적조차 없는 사람도 말이다. 지금 나의 의식이 그렇다. 모든 답은 내 안에 있다. 본 적도 없고 보이지도 않지만, 그것은 분명 내 안에 있다. 나는 그것을 의심 없이 믿고 걸어가기만 하면 된다. 나는 나에 대한 믿음의 크기가 인생의 크기를 결정한다는 걸 깨달았다.

나는 무엇보다 나를 위해 의식성장에 힘쓰리라 다짐했다. 수업을 듣고 의식 관련 책을 꾸준히 즐겁게 읽으면서 말이다. 내 내면이 단단해짐을 넘어 나의 변화가, 의식성장이 비단 딸뿐만 아니라 나처럼 열심히는 살았지만 결과물이 없는 사람들에게 도움이 되었으면 한다. 그것 또한 내 삶의 목적 중 하나라는 생각이 든다.

모든 건 믿음으로부터 시작된다는 것. 누구나 제대로 된 인생을 살 수 있다는 것. 그 깨달음을 전하는, 선한 영향력을 펼치는 작가가 되고 싶다.

엄마의 마인드 차이가
곧 자녀 인생의 차이

'여기서 태어나고 자랐는데, 왜 내 이름으로 된 땅 하나, 집 하나가 없을까?'

이모 차를 타고 드라이브하던 중 문득 그런 생각이 들었다. 이것이 내가 돈에 대해 가졌던 첫 의문이자 궁금증이다.

스물다섯 살 되던 해, 아빠가 돌아가셨다. 분명 어제까지만 해도 웃으며 인사하고 헤어졌는데…, 그다음 날 새벽 아빠가 돌아가셨다는 언니의 전화를 받았다. 수도꼭지에서 물이 콱 터져 나오듯, 내 안에서 울음이 콱 터져 나왔다. "아빠, 돌아가셨대." 그게 내가 동생에게 전한 첫마디다.

'자식은 효도하려고 하나 부모는 기다려주지 않는다.'

나는 이 말의 뜻을 스물다섯 살에 알게 되었다. 이제 막 돈을 벌기 시작했는데…. 아빠는 내게서 양복 한 벌만 선물 받고 세상을 떠나셨다. 언니와 동생은 "그래도 너는 첫 월급으로 선물이라도 사드렸잖아. 우리는…", 이렇게 울음을 삼키며 나를 다독였지만, 그 위로가 내 마음에 와닿기는 어려운 일이었다.

아빠의 죽음으로 인해 나는 돈을 언제 어떻게 써야 하는지 배울 수 있었다. 그래서였을까? 아빠가 돌아가신 후 아빠처럼 따르던 작은 이모부가 암에 걸리셨을 때, 나는 망설임 없이 보험을 깨 200만 원을 마련해드렸다. 이모는 받을 수 없다고 손사래를 치면서도 그 돈을 받았다. 당장 돈이 필요하니 딱 쓸 만큼만 쓰고 돌려주겠다고 말하면서. 물론 나는 그 돈을 돌려받지 않았다. 그 돈은 내 마음이었기 때문이다. 마음을 마음으로만 표현하는 건 후회를 남긴다. 마음 가는 곳에 물질도 함께해야 함을 나는 아빠의 일을 통해 알게 되었다.

나는 그렇게 돈에 대해 배워나갔다. 돈이란 버는 것도 중요하지만 언제, 어떻게 써야 후회가 없는지 알게 된 것이다. 그때까지만 해도 돈에 대해 저축, 돈을 쓰는 타이밍 정도의 개념만 갖고 있던 나는 돈 버는 법보다 돈 쓰는 법을 먼저 배운 셈이다.

부모님은 자영업을 하시면서 정말 열심히 사셨다. 우린 풍족하게 살진 못했지만 부족하게 살지도 않았다. 부모님의 고생을 보면서 자라서였을까? 내면의 갈등은 많았지만, 나는 그저 공부만 열심히 하라는 부모님의 말씀에 순종하며 살았다. 생각은 있지만, 생각이 없는 듯. 미래를 생각하는 인생이 아닌 과거를 회상하며 현재를 만들어가는 그런 인생이었다고나 할까.

그런 내가 과거의 생각에서 벗어나기 시작한 건, 사회생활을 하면서였다. 아는 만큼만 걸어갔던 그 삶에서 나는 그동안 내가 얼마나 무지했는지를 깨달았다. '생각이라는 걸 하면서 산 게 맞나?'라는 의구심이 들 정도로 나는 세상을 몰랐다. '이런 사소한 것조차 알려주는 사람이 없었네…,' 하는 대목에서는 씁쓸함마저 느껴졌다.

어린 시절, 나는 그저 내 마음 안에 갇혀 있는 나를 온전히 일으켜 세우려고 애썼던 것 같다. 그러지 않으면 버텨내지 못할 것 같아서. 정해진 장래희망에 맞춰 공부했고, 또 거기에 맞춰 사회생활을 시작했다. 딱히 정한 길은 없었다. 다만 누구나 가는 길 중 나도 갈 수 있겠다 싶은 길을 선택했던 듯하다. 내 가치관과 맞는다는 판단하에. 알려주는 이가 없었던 만큼, 나는 돈과 인생의 깊이와 방향을 경험을 통해 알아갔다. 미치도록 버거워하며 말이다.

"우리는 대개 자신의 가치관을 바탕으로 삶의 태도를 결정하지만, 진정 원한다면 자신을 뛰어넘는 새로운 결정을 내릴 수 있다. 보다 열정적으로 살 수 있다."

브렌든 버처드(Brendon Burchard)의 저서 《백만장자 메신저》에 나오는 말이다. 나는 이 말 중 딱 가치관까지만 내 삶에 적용했던 셈이다. 그 이후의 삶을, 나 자신을 뛰어넘는 새로운 결정이라는 게 있는지도 모른 채 말이다. 어떤 다양한 인생길이 있는지, 어떤 사고와 마인드를 가지고 살아야 하는지, 나는 알지 못했다. 눈앞에 보이는, 지극히 현실적인 일들의 해결에만 급급하며 살았다.

그러다 나는 나 자신을 뛰어넘는 새로운 인생을 살리라 결정했다. 지금껏 얼마나 힘들게, 열심히 살아왔는데…. 모든 걸 다시 시작해야 한다는 부담감, 지금껏 이루어온 모든 걸 비워내고 새로 채워넣어야 한다는 좌절감이 스멀스멀 올라왔지만 말이다. 누군가에겐 설레는 결정일 수도 있겠지만, 나는 두렵기만 했다.

그만큼 내 인생이 참 버거웠나 보다. 채워넣는 것보다 비워내는 게 더 힘들었던 걸 보면. 그럼에도 불구하고 그 버거움을 감당해야겠다고 다짐하게 된 건 다름 아닌 딸들 때문이다. 그런 버거움 속에서도 나는 결혼했고 아이를 낳았다. 나는 아이를 낳아서 인생이란 정말 살 만한 거고, 사랑받으며 산다는 게 이런 거구나, 알게 해주고 싶었다.

내가 딸들에게 알게 해주고 싶은 건 딱 두 가지다. 의식성장과 금융. 내 인생에서 가장 아쉬운 부분이기 때문이다. 나를 온전히 세우고, 불안한 미래에 대비하겠다고 열심히 자기계발을 해온 세월만 10년이 넘는다. 더 열심히 살수록 알게 된 건, 삶에 열심인 건 정답이 아니라 기본이라는 사실이다. 나는 지금껏 기본기만 열심히 닦았던 셈이다.

엄마가 되고 딸아이 친구의 엄마를 만나게 되는 일이 종종 있다. 그들과의 대화엔 이런 공통점들이 있다. 그들은 자신의 인생보다 조금 더 나은 방향으로 아이를 끌어주고 싶어 한다. 그런데 그 방법을 알지 못한다는 것. 그리고 미래 지향적이기보다 근시안적인 육아에 주력한다는 것.

내가 나의 장기적인 비전을 말하기 시작하자 그들은 서서히 내 곁을 떠나갔다. 자신들과는 다른 사람이라 치부하면서. 하지만 그들도 알고 있다. 언젠간 미래의 비전을 세워야 한다는 걸. 당장은 아니니까, 하며 뭉그적거리고 있을 뿐이다. 눈앞의 문제 해결에 급급하기 때문이다. 엄마의 귀찮음과 무지함이 아이에게 어떤 결과를 안겨줄지, 그들도 자신의 인생을 통해 경험했을 터. 그런데도 그들은 지금 당장은 귀찮고 어렵다며, 그 중요한 문제를 저 멀리 내팽개쳐버린다.

나는 모든 걸 경험을 통해 알았다. 모든 걸 직접 부딪치며 알아가야 해서 들이닥치는 시련을 대비하는 방법도, 이겨내는 방법도 알지 못했다. 그저 겪어 내야만 했다.

지인의 딸 P는 나와 열 살 차이가 난다. P는 하고 싶은 게 없었지만, P의 엄마는 취업이 잘된다는 이유로 P에게 간호사를 권유해 왔다. 아니, 거의 세뇌하다시피 했다. 그 결과 P는 자신의 꿈이 간호사라고 생각하게 되었고, 엄마의 바람대로 간호대학에 입학했다. 그리고 졸업할 때쯤 서울의 유명 병원 취업이 확정되었다. 모든 게 순조로운 듯 보였다. 하지만 P는 1년도 견디지 못하고 일을 그만뒀다. 그리고 지인의 권유에 따라 또다시 간호 관련 공무원 시험에 3년 정도 응시했다. 그러다 지난해 시험을 마지막으로 더는 공부하지 않겠다고 선언해버렸다. 지금 P는 간호직과 전혀 상관없는 직종에서 아르바이트하고 있다. 모두 P보단 P의 엄마를 걱정했고, P의 행동을 이해할 수 없다는 듯 수군거렸다.

하지만 나는 드디어 P가 자신의 인생을 시작했다고 생각한다. 엄마의 품을 벗어나 주체적으로 생각하고 결정하는 P의 결단력에 박수를 보내고 싶다. 자녀가 자신의 인생을 살아가려 하다 보면 사고와 마인드가 다른 부모와의 마찰은 피할 수 없는 일이다. 착한 아이로 남고 싶고 그 선택의 결과를 책임지기 두려워 문제를 깔고 앉아 뭉개고 있는 사람이 태반인 세상이다. 그런데 P는 그걸 보기 좋게 떨쳐낸 것이다. 나는 그 자체가 대단하다고 생각한다.

P와 같은 상황에 놓여 있는 자녀들은 생각보다 많다. 부모의 생각과 다른 직업, 결혼, 인생을 선택한다는 건 부모의 지지를 넘어 지원을 받지 못하게 될 수도 있다는 의미다. 그래서 자신의 인생임에도 부모의 결정을 따르는 것이다.

하지만 그 결과로 빚어지는 후회는 고스란히 자녀의 몫이 되고 만다. 부모와 자녀가 서로서로 원망하는 상황. 나는 그런 상황을 수없이 봐왔다.

왜 그런 일이 일어나는 걸까? 이게 내가 내 아이들에게 의식성장과 금융교육을 해주려 하는 데 대한 질문의 요체다. 부모는 부모의 인생을, 자녀는 자녀의 인생을 살아가야 한다. 그러지 못하고 두 인생이 얽히고설키기 때문에 문제가 발생한다고 믿는다. 나는 딸들에게 위의 두 가지를 교육해줌으로써 그들의 독립된 인생을 지지해주고 싶다.

나는 의식성장과 돈은 별개라고 생각했다. 사실은 하나인데도. 그뿐만 아니라 모든 건 유기적으로 연결되어 있다. 별개라고 생각하며 배우고 익히니 하나로 이어지기가 힘든 것이다. 아이들은 모른다. 자신의 고민이 어떤 것과 연결되어 있는지. 설사 안다고 하더라도 그걸 어떻게 연결해야 하는지, 알지 못한다. 나는 그걸 이어주는 사람이 되고 싶다.

엄마의 사고와 마인드가 어떤지에 따라 자녀의 인생은 달라진다. 자녀의 인생을 바꿔주고 싶다면 먼저 부모의 사고와 마인드를 바꿔야 한다. 아이들은 아직 부모가 어른이 되어 깨달은 것을 받아들일 채비가 안 되어 있다. 그래서 부모의 경험에서 우러나오는 말을 잘 받아들이지 못한다. 아무리 좋은 말이더라도 말이다.

그렇다는 건, 부모의 변화된 사고와 마인드가 자녀의 삶에 자연스럽게 스며들도록 해줘야 한다는 말과 다르지 않다. 이게 내가 자녀에게 금융교육을 해주는 데 있어 부모의 사고와 마인드가 중요하다고 생각하는 이유다.

나는 자녀의 금융교육과 내 꿈은 별개라고 생각했다. 하지만 작가가 되겠다 결정하면서부터 새로운 꿈이 생겼다. 자기계발하는 사람들 대부분은 본인 계발을 목표로 한다. 나 역시도 그랬다. 그래서 자녀에게 해주는 금융교육과 내 꿈이 별개라고 생각했었는지도 모른다. 이제 나는 그 2개를 이어보기로 했다.

이게 내가 금융교육 전문가가 되고 싶다는 꿈을 갖게 된 배경이다. 부모의 사고와 마인드를 변화시키고, 궁극적으로는 그 변화가 자녀에게 이어질 수 있도록 돕고 싶다. 꿈을 찾게 되자 '시련은 변형된 축복이다'라는 말이 떠올랐다. 그동안 내가 겪었던 시행착오와 5년 전 〈한책협〉을 찾아가지 못했던 사연 등, 모든 것에 이유가 있음을 알게 되었다.

엄마가 되기 위해서였다. 엄마여서 꿈꿀 수 있는 꿈을 찾기 위해 헤매왔다는 걸 나는 지금에서야 깨닫는다. 나의 자녀뿐만 아니라, 홀로서기를 하고 싶지만, 부모로부터의 독립을 두려워하는 자녀들이 있을 터. 자녀를 독립적으로 키우고 싶지만, 방법을 몰라 막막한 부모들도 있을 터. 나는 그들에게 힘을 보태는 사람이 되고 싶다.

나아가 요보호아동에게 자립의 힘을 길러줄 수 있는 재단을 설립하는 게 내 궁극적인 목표다. 심신을 기댈 곳이 없다는 게 얼마나 힘든 일인지 알기 때문이다. 그들에게 부모를 선택할 순 없었지만, 인생은 선택할 수 있다는 걸 알려주는 사람이 되고 싶다.

색질 공부를 하는 딸에게 물었다. "시아는 왜 엄마 딸로 태어났어?"라고. 그러자 딸이 이렇게 답했다. "사랑받으려고." 그 말에 울컥 눈물이 솟았다. 세상의 모든 아이는 사랑받기 위해 태어난다. 그들이 지구별에 소풍 온 이유, 다시 말해 사랑과 믿음의 힘을 발판으로 꿈꿀 수 있는 아이로 자라는 것. 그걸 위해 나는 의식성장과 금융교육에 진심인 사람이 되고 싶다.

김현진

생각대로 되는 인생을 살려면 의식성장이 먼저다

김현진

우리는 정신과 생각이 있는 동시에 육체를 가진 존재다. 또한, 부모 없이 태어난 사람도 없다. 바꿔 말하면, 부모 없이 태어날 수 없다는 뜻이다. 그렇다. 김씨 아버지의 자녀로 태어나면 김씨라는 성을 가지게 되는 게 자명한 것처럼 말이다. 물론, 요즘은 엄마의 성을 따르기도 하는 시대이긴 하지만. 우리는 부모님을 정말 오묘하게 닮는다. 오묘한 정도가 아니라, 판박이라고 할 수 있는 경우도 많다. 그처럼 닮은꼴인 부모와 자식의 예는 수없이 많다. 딱 보기엔 하나도 안 닮은 듯해도, 자세히 뜯어보면 어딘가는 부모 유전자의 영향을 받았다는 사실을 알게 된다.

그러다 보니 닮지 않아야 하는 내적인 유전형질, 가족력이라 일컬어지는 유전적 병까지도 갖고 태어난다. 어디 그뿐인가. 눈에 보이지 않는 성격도 닮은꼴인 경우가 많다. 사람들이 참 신기해하는 부분이다. 그런데 왜 부모의 마음과 자식들의 마음은 닮지 않는 걸까? 마음은 유전되지 않아서일까?

어린아이들은 보통 부모의 말을 다 잘 따른다. 그마저도 호랑이 담배 피우던 시절의 일 아닌가 싶기도 하지만 말이다. 요즘 아이들은 다들 너무나 똑똑하다. 스마트한 시대에 태어난 부모의 영향을 받은 건지도 모르겠다. 사람의 유전자 정보를 책에 담아 쌓아 올리면 63빌딩 높이 이상이라고 하니. 어느 인문학 강의에서 들었던 이 말이 순간 내 뇌리를 스쳤다.

그러다 보니, 요즘 아이들은 자기 생각과 주장도 뚜렷하다. 시대적인 흐름에 영향을 받는 듯도 하다. 내가 어릴 때는 대부분 부모님께서 하시는 대로, 정해주시는 대로 따라 하거나 받아들였었는데 말이다. 심지어 한 사람의 평생을 좌우할 수도 있는 대학 선택, 직업 선택까지도.

여고 시절 마음 착하고 성격 좋은 학교 친구가 있었다. 아버지는 학교 선생님이셨고, 그래서인지 친구는 공부도 잘했다. 같은 여고를 졸업했지만, 우리의 인생길은 거기서 갈렸다. IMF 시기였던 그때 나는 취업이 잘된다는 2년제 대학의 특수학과에 진학했다. 반면 그 친구는 요즘 엄마들의 로망인 SKY 대학 중 한

곳에 입학했다.

어느 날, 우연히 정말 우연히 그 친구를 버스 안에서 만났다. 그 당시 난 사회에 갓 발을 내디딘 직장인이었고, 친구는 대학 3학년이었다. 친구와 난 버스 안에서 잠깐 대화를 나누었다. 나는 직장에 다니고 있는 내 이력을 말했고, 그 친구는 공무원 시험을 위해 휴학을 고려하고 있다고 했다. 그때만 해도 우리의 선택엔 부모님의 의견이 많이 반영되었다. 대학이든 학과든.

요즘 사람들에게는 말도 안 되는 이야기일 수도 있겠다. 정보가 다양하다 못해 흘러넘치는 시대이니 말이다. 스마트폰 하나면 그 정보들을 실시간으로 쓸어 담을 수도 있으니, 부모님들이 자식들 따라잡기 버거운 시대가 맞는 듯하다.

나도 거기에 해당하는 부모다. 내겐 중학생 딸과 초등학교를 막 졸업한 아들이 있다. 그 아이들을 보면 학교에서 배우는 것 자체가 우리와 완전히 달라졌다는 걸 알 수 있다. 컴퓨터와 정보 검색 등 지금 시대에 걸맞은 맞춤 교육을 하는 게 그 예리라. 내가 따로 배워야 아이들을 따라갈 수 있을 정도로 말이다.

아이들에겐 진로교육 프로그램도 다양하게 제공되고 있다. 예를 들어, 성향부터 파악해보는 MBTI 등 기질 검사까지 한 후 자신의 진로를 찾도록 하는 형태의 수업이 그것이다. 그러니 아이들이 갈수록 똑똑해지는 건 시간문제 아니었나 싶다.

이렇게 큰 아이들은 물론, 더 어린 유아기 아이들도 정말 아는 게 많을뿐더러 논리적이기까지 하다. 지식이라는 면에서는 부모보다 한 수 위라는 느낌도 들게 한다. 이런 부분은 요즘 어른들 대부분이 공통으로 느끼는 현실이 아닐까 싶다. 요즘 손녀, 손자들을 돌봐주는 할머니, 할아버지들이 '말로는 못 당한다'라고 혀를 내두르는 현상이 그걸 대변한다고 하겠다.

나도 사춘기 내 아이들과 이야기 좀 할라치면 너무도 생각이 달라 당혹감을 느낄 때가 있다. 생각하고 골라서 한다는 말들이 대부분 서로에게 상처를 주며 끝나곤 하는 것이다. 그래서 나는 매일 다짐한다. 함부로 말 걸지 말고, 거리 두기를 하자고. 하지만 하루를 못 넘기고 또 말을 걸고 만다. 돌아오는 반응은 변함없는데도 말이다.

가만 생각해보면 이런 현상이 아이들이 사춘기인 지금만 벌어지는 건 아닌 것 같다. 그리고 이는 아이들 성향보다는 아이들이 사신의 자아를 어떻게 표출하느냐에 달린 것 같다. 조금 더 강하게 표출하느냐, 아니냐의 차이 말이다.

딸이 세 살 때의 일이다. 6개월 된 자기 동생이 앉아 있으면, 손가락으로 동생의 이마를 밀어 뒤로 넘어뜨리기 일쑤였다. 그러면 바닥에 뒤통수를 꽈당 박은 동생이 울음을 터뜨리는 건 불문가지(不問可知)였다. 당시 육아하느라 한창 힘들어하고 있던 나는 그런 모습이 보기 싫어 세 살 난 딸아이를 혼내곤 했었다. 그러다 시간이 지나면서 깨닫게 되었다. 딸아이의 자아가 강한 편이란 걸.

그래서인지 세 살에서 여섯 살까지의 유년기 동안 딸아이는 내 마음대로 되는 쉬운 아이는 아니었다. 속을 태우던 나는 아이의 다중지능 지문적성검사까지 해보기도 했다. 그 검사를 통해 아이의 성향을 조금은 알게 되었고, 답답함이 적으나마 해소된 듯도 했다. 하지만 성향을 조금 아는 것으론 커가는 아이와 잘 지내는 건 역부족이라는 사실을 깨달았다. 내가 육아와 관련해 이런저런 수업을 받고 공부했던 이유다.

그러던 중 '옆집 아이로 생각하라'라는 이론을 접하게 되었다. 비록 이론이었지만 처음엔 그럴싸하게 여겨졌다. 그렇구나, 나도 이런 상황에서 옆집 아이에게 이런 잔소리는 하지 않겠구나, 잠깐 생각해봤다. 결국은 내 경우에 적용할 수 있는 실용적 이론이 아님을 깨달았지만 말이다.

그 밖의 어떤 이론도 내가 아이와 잘 지내려면 어떻게 해야 하는지, 좋은 방법을 제시해주지 못했다. 그러다 코로나19로 사회적 거리 두기가 한창일 때 나도 아이와 거리를 두려고 애썼다. 가능하면 부딪치지 않는 방법을 택한 것이다. 적당히 무관심하기라고나 할까. 올바른 방법이었는지는 모르겠다. 어쨌든 그동안만은 아이와의 관계가 원만한 듯했다. 하지만 조금이라도 다가가려 하면 부작용이 따랐다. 이렇게 내가 낳은 자식임에도 아이의 속마음을 아는 건 쉬운 일이 아니었다.

가끔 딸과 한 침대에 누워 잠을 청하며 이야기도 나눠봤다. 그럴 때면 딸아이가 자신의 속마음을 살짝 내보이기도 했다. 그때마다 나는 놀라움을 느꼈다. 내 생각보다 딸아이의 속이 훨씬 깊구나, 오히려 엄마인 나를 걱정하고 있구나, 싶어서 말이다.

딸아이를 키우면서 나는 내가 낳은 자식인데 왜 이렇게 내 마음을 몰라줄까, 라는 생각을 많이 했었다. 내 생각과 추측만으로는 아이의 속마음을 알아채기가 쉬운 일이 아니었다. 이런 옛말도 있지 않은가. "사람 겉 낳지 속 낳느냐"라는. 이처럼 사람에겐 겉 사람과 속 사람이 따로 있는 듯했다.

그러다 깨달았다. 내가 낳은 딸이지만, 그 마음마저 내가 창조한 건 아니란 걸 말이다. 그러니 내가 그 마음을 다 알 수 없는 건 자명한 일이라는 걸. 육체인 겉 사람은 내가 낳았지만, 딸아이의 속 사람, 즉 보이지 않는 영혼은 내가 어쩔 수 없는 영역이라는 걸. 그 둘은 하나이면서도 다른 자아인 것이다. 겉 사람인 우리 육체는 자신의 아버지, 어머니의 형질을 닮고 태어나지만, 속 사람, 즉 보이지 않는 우리의 영혼은 신의 모습을 닮고 태어나는 것이다. 우리의 힘으론 어쩔 수 없는 신의 영역에 속하는 일이다.

이 말은 내가 낳은 자식이라도 그 자아(영혼)는 내가 알 수 없는 영역이라는 뜻과도 같다. 《성경》에 "네 영혼이 잘됨같이 네가 범사에 잘되기를…"이란 구절이 있다. 이처럼 우리가 잘되기를 원한다면, 영혼의 영역인 내 의식부터 잘 챙기고 성장시켜야 할 것이다. 그래야 생각이 바뀌고 삶 또한 달라질 것이다. 내 의식 수준에 맞게 생각하고 행동할 것이다.

여기서 우리가 명심해야 할 것은, 생각하는 대로 되는 인생을 살려면 먼저 의식을 성장시켜야 한다는 것이다.

자신을 믿고, 믿음대로 원하는
삶을 창조하자

《성경》〈창세기〉 편에 "하나님이 가라사대 우리가 우리의 형상을 따라 우리의 모양대로 우리가 사람을 만들고…"라는 구절이 있다. 그렇다면 우리는 누구의 자녀인가? 바로 신의 자녀 아니겠는가. 신은 보이지 않은 존재, 영원한 존재다. 그러한 신이 자신의 형상대로 만들었으니, 우리에게도 신과 같은 권능이 있음은 자명한 일 아닐까. 하지만 우리는 우리의 위대함을 깨닫지 못한 채 살아간다.

여기서 《성경》을 인용한 이유는, 《성경》이 지구상, 아니 인류에게 널리 알려진 신서이기 때문이다. 그리된 데는 이유가 있을 테니까. 이걸로라도 우리가 신의 자녀라는 걸 증명할 수 있으니 다행이라는 생각이 든다.

우리는 신을 전지전능하신 자라 부르며 믿고 따른다. 전지전능하신 이여, 라고 칭송하며 원하는 걸 기도로써 간구한다. 전지전능이란 모든 걸 알고, 모든 게 가능하다는 뜻이다. 그런데 그 신을 믿는 우리에게 왜 불행한 일들이 생기는 걸까? 왜 인생은 뜻대로 되지 않는 걸까?

'우리는 무슨 일을 해야지'라고 마음먹는 순간, 그 반대되는 생각도 함께 한다. '될까? 안 되면 어쩌지?' 하는 부정적인 생각 말이다.

신의 고유권한이 무엇인지 아는가? 가장 중요하면서도 위대한 창조능력이다. 그렇다면 신의 형상을 따와 빚은 우리도 창조능력을 가진 게 확실하지 않겠는가. 인류의 문명과 발전을 누가 이루어 왔는지 짚어 보면 쉽게 알 수 있는 대목이다. 그 하나로 라이트형제가 발명한 비행기를 생각해보자. 그게 단지 그들의 머릿속 생각에 불과했던 아이디어를 실물로 형상화한 것이라는 사실을.

어느 날, 집에서 딸과 치킨을 배달시켜 먹게 되었다. 그때 딸이 침대에서 TV를 보며 치킨을 먹고 싶다고 했다. 처음 내 생각은 안 된다였다. 하지만 공부하고 와서 좀 편히 쉬며 먹고 싶어 하는 것 같아, 작은 상에다 치킨과 콜라를 차려서 가져다주었다. 그러곤 나도 콜라를 한 잔 들고 딸의 방에 들어왔다. 콜라를 화장대 위에 올려두며 순간 불안한데, 라고 생각했다. 아니나 다를까, 침대보를 들추면서 내가 콜라 잔을 쳤고, 잔이 넘어지며 콜라가 쏟아져 내렸다.

우리는 일상에서 이런 일들을 너무나 많이 경험한다. 무엇을 생각하면 정말 그 일이 일어나는 현상 말이다. 이게 바로 끌어당김의 법칙이다. 내가 생각하는 것이 나에게로 온다는 명백한 법칙이다.

나는 사람들과의 약속을 지키지 못할 때 이전에는 핑계 아닌 핑계를 대기도 했다. 아이들이 어렸을 때의 일이다. 멀쩡한 아이를 팔아 약속을 못 지킬 것 같다는 말을 내뱉은 적이 있었다. 그런데 정말 그날 아이는 열이 펄펄 끓고 아파서 고생고생했다.

그때 나는 말의 힘이 이렇게 크구나, 절절히 느꼈다. 우리는 생각이 말이 되어 나오고, 그 말이 행동으로 이어지는 메커니즘 속에서 사니까. 이제 나는 그렇게 함부로 말을 내뱉지 않는다. 말에 큰 에너지가 포함되어 있다는 걸 깨달았기 때문이다. "말이 씨가 된다", "콩 심은 데 콩 나고 팥 심은 데 팥 난다", "뿌린 대로 거둔다"라는 우리나라 속담이 있다. 일맥상통하는 이 속담들의 속뜻으로 미루어 볼 때, 선한 생각 속에서 선한 결과가 얻어진다는 걸 알 수 있다.

모든 건 내 생각의 결과다. 어떻게 생각하고 믿느냐에 따라 결과는 달라진다. 이 속담들을 통해 짐작해 보건대, 우리 조상은 엄청나게 영적인 분들이셨던 듯하다. 물질 만능주의 시대인 요즘, 사람들 대부분이 눈에 보이는 대로 믿고, 그게 전부인 양 살아가는 데 비하면 말이다.

그런 속에서도 영적으로 깨어 있고 선한 영향력을 발휘하며 사는 사람들 또한 적잖이 있음을 본다. 그들처럼 우리도 보이지 않는 의식을 업그레이드시켜 긍정적인 마인드를 가지면 지금보다 더 나은 삶, 나아가 더 밝은 사회를 만들 수 있지 않을까. 의식이 모든 걸 결정하니까.

책 쓰기에 관심이 있어 알게 된, 책 쓰기 계의 일인자인 〈한책협〉 김태광 대표님이 있다. 이분은 《죽음 이후 사후세계의 비밀》, 《천상의 가르침》, 《성경 수업》 등의 영적 저서 및 실용서를 300권 이상 펴내신 분이다. 인간은 영혼을 가진 존재라는 것, 보이지 않는 내면세계부터 알고 성장시켜야 내가 원하는 행복한 삶을 살 수 있다는 걸 알려주시는 분이기도 하다. 많은 사람이 그걸 실천하도록 선한 영향력을 행사하시고 있기도 하다.

이분을 통해 나는 나에 대한 무조건적 믿음 대신, 왜 우리가 신과 같은 권능을 행사할 수 있는 존재들인지 알게 되었다. 《성경》 〈마태복음〉 편에는 12년 동안 혈루병을 앓아온 여인과 두 소경 이야기가 나온다. 그들은 예수님이 자신의 병을 고쳐주리라

강하게 믿었던 자들이다. 그런 강한 믿음이 구원으로 이어졌고. 그때 예수님께서 그들에게 하신 말씀이 "너희 믿음이 너희를 구원하였다"였다.

우리는 신의 자녀다. 그러니 내 안에 신이 존재함을 알고, 무엇이든 이룰 수 있는 능력이 있음을 알고, 믿는 대로 창조할 수 있는 능력이 있음을 믿어야 한다.

우리는 하고자 하는 어떤 일을 두고 "궁극적인 결과는 이미 보장되어 있다"라고 말하기도 한다. 그런데 왜 원하는 대로 되지 않는가? 《성경》〈야고보서〉 편에는 "오직 믿음으로 구하고 조금도 의심하지 말라…"라고 기록되어 있다. 그러나 우리는 항상 동전의 양면처럼 된다, 안 된다를 동시에 염두에 두며 과연 가능할까? 의심하곤 한다. 원하는 대로 안 되는 이유는 바로 여기에 있다.

책 《신과 나눈 이야기》에는 이런 이야기가 실려 있다.

"삶의 결과가 불확실하다는 생각은 인간들이 품고 있는 가장 큰 환상일 뿐이다. 너희의 가장 큰 적인 두려움을 낳는 것은 궁극적인 결과에 대한 의심이다. 너희가 결과를 의심한다는 건 창조주, 신을 의심한다는 것이다."

이는 곧 내가 신의 자녀이므로 내가 믿는 대로 창조할 수 있다는 뜻 아닐까? 그러니 나 자신을 믿는다는 건, 신을 믿는다는 것과 같은 의미이리라. 신은 우리가 스스로를 믿고, 목표를 향해 행동하길 기다리고 있다. 여러분이 자신을 믿고, 믿음대로 원하는 삶을 창조할 수 있기를 소망한다.

김결이

영혼의 성장과 영적 진보를 이루는 지구별 여행자

김결이

예전엔 여자로 태어났다는 이유만으로 엄마들은 마음 써야 할 일들이 너무 많았다. 친정엄마만 해도 육아와 살림에 장사까지 하셨다. 엄마의 젊은 날들은 희생을 감내한 세월이었던 셈이다. 그때는 그냥 다 그렇게 사는 건가 보다 하고 살아오셨단다. 나 역시 장녀로서 엄마 장사를 돕기 위해 팔을 걷어붙였다. 엄마는 가정을 지키기 위해 새벽부터 밤까지 일하셨지만, 생활은 나아지지 않았다.

내가 어릴 적 우리 아빠는 술을 좋아하셨다. 그 탓에 직장도 오래 못 버티고 생활비도 가져다주지 못하셨다. 우리 엄마는 항상 자식들 학비와 생활비 걱정에 시달렸다. 아빠가 술을 드시고 오는 날이면 집 안은 쑥대밭이 되곤 했다. 그런 아빠를 보며 나는 '엄마는 왜 하필 이런 아빠를 만나 결혼했을까?'라고 생각하곤 했다. 아빠를 미워하고 원망도 많이 했었다. 그런데도 엄마는 언제나 아빠가 좋아하시는 반찬 위주로 음식을 만드시곤 했다. '무능력한 아빠가 뭐가 좋다고 엄마는 아빠한테 잘해주시는 걸까?' 어린 마음에 정말 이해되지 않았다. 자라면서는 우리를 힘들게 하는 아빠가 없었으면 좋겠다고 생각하며 아빠와 거의 대화란 걸 하지 않았다.

그러던 중 아빠가 등이 아프다고 하셨다. 대수롭지 않게 여긴 우리 가족은 일단 아빠를 동네 병원에서 진찰받아 보시게 했다. 진찰 후 동네 병원 의사는 큰 병원에서 정밀검사를 받아보라고 권유했다. 우린 곧장 대형 병원으로 향했다.

엄마는 아빠가 폐암 진단을 받았다고 나에게 검사 결과를 말해주었다. 그럼에도 불구하고 나는 하나도 슬프지 않았다. 의사는 길어야 아빠의 여생이 1년 정도라고 했다. 엄마는 아빠에게 아빠가 폐암 말기라는 말은 차마 못 하셨다. 가족을 너무 힘들게 하는 아빠를 미워하고 원망해온 탓에 내가 아빠를 용서하기까진 시간이 걸렸다. 그러다 덜컥 검사 결과를 듣게 된 나는 진심으로 아빠의 건강을 기원하기 시작했다.

아빠는 항암치료를 받으면서 증세가 호전되는 듯했다. 그러다 몸 상태가 다시 안 좋아져 입원하게 되었다. 입원실에 누워있던 아빠는 저쪽에서 검은 옷을 입은 남자가 자신을 쳐다보고 있다며, 무서우니 커튼을 치라고 하셨다. 아빠가 가리킨 곳엔 아무도 없었는데도. 나는 아빠가 곧 돌아가시리라 직감했다.

일주일 후 아빠는 돌아가셨다. 아빠의 얼굴은 잠자듯 평온했다. 나는 '아빠 다음 생에는 아프지 말고 좋은 곳에 태어나 행복하게 사세요'라고 축원 기도를 드렸다.

〈한책협〉 김태광 대표님이 자신의 유튜브 채널에서 사후세계 저승사자의 존재에 대해 말씀하시는 영상을 보게 되었다. 그때 문득 저기 검은 옷을 입은 남자가 자신을 쳐다보고 있다고 하시던 아빠의 말이 떠올랐다. 아빠는 그때 저승사자를 보셨던 셈이다. 나는 저승사자가 있기는 있구나, 생각하게 되었다.

대표님이 집필하신 《죽음 이후 사후세계의 비밀》이란 책이 있다. 아직 책이 배송되지 않아 읽어보진 못했지만, 기다리는 동안 죽음 이후 사후세계에 대한 궁금증이 증폭되었다. 일부 발췌 부분이 있어 옮겨 본다.

"왜 인간은 병을 겪는가? 사람들 대부분은 나이가 들면서 몸이 불편해지고 질병에 걸리게 된다. 인간은 창조주께서 만든 완벽한 존재인데 왜 병에 걸리는 것일까? 먼저, 우리가 병에 대해 좋다, 나쁘다, 판단할 수 없음을 알아야 한다. 인간의 시각으로 보면 무병장수하다 죽는 게 좋은 죽음이고, 병을 앓다가 젊은 나이에 죽으면 나쁜 죽음이다. 하지만 영적인 측면에서 본다면 우리는 사후세계에서 지구라는 학교에 잠시 소풍을 왔다가 다시 사후세계로 돌아가는 것일 뿐이다. 그 이상도 그 이하도 아니다. 다만 지구 학교에서 무엇을 배우고, 깨닫고, 성취했느냐가 중요할 뿐이다. 그것이 영혼의 성장과 영적인 진보로 이어지기 때문이다.”

나 역시 지구별 여행자이니 배우고, 깨닫고, 성취하며 영혼의 성장과 영적 진보를 이룰 것이다.

한편, 나는 대표님의 의식성장 수업을 들으며 부모도 내가 선택해 태어난다는 말에 너무 소름이 끼쳤다. '내가 부모를 선택해 태어났다니, 이럴 수가. 세상에나.' 대표님이 내가 알지 못하는 이야기를 해주실 때마나 나는 그지 놀라움에 입이 벌어질 뿐이었다.

대표님은 “의식이 전부다!”라고도 하셨다. 또한, “다른 삶을 살기 위해 변화시켜야 할 것은 오직 나 자신뿐이고, 모든 건 나 자신으로부터 비롯된다. 낡은 의식을 새 의식으로 바꾼다면 새 삶이 펼쳐질 것이다. 사람들 대부분은 자신의 마음속에 설정해 놓은 한계 때문에 실패한다. 크게 성공하고 싶다면 한계가 아닌 확신의 씨앗을 심어라. 후회 없는 인생을 사는 유일한 비결은 자신의 마음의 주인이 되는 것이다"라고도 하셨다.

그동안 나는 인풋만 하고 살아왔다. 뚜렷한 주관 없이 남의 말에 휘둘리며 살아왔다. 내 목소리를 제대로 내지 못했고, 나를 드러내기조차 두려워했으며, 생각이 많아 행동하기까지 시간이 걸렸다. 자신감이 없어 위축되기 일쑤였다.

그러던 내가 종교를 가지면서 많은 위안과 용기를 얻게 되었다. 나는 나 자신부터 사랑하기 시작했다. 살면서 겪어온 경험뿐만 아니라, 실패한 것들까지 활용해야 한다고 한다. 배움에는 끝이 있어 새로운 걸 배우려면 기존의 생각을 비워야 한다. 생각을 비우려면 자기 생각을 꺼내야 하고. 즉, 아웃풋을 해야 한다.

대표님의 의식성장 수업을 통해 나는 의식성장의 중요성을 알게 되었다. 나는 지금 나의 의식 세계를 깨우는 중이다.

대표님의 책《독설 2》중 "모든 것을 다 빼앗아도 빼앗을 수 없는 단 한 가지는 당신의 '의식'이다. 아무리 상황이 거지 같아도 '의식'에 집중하면 원하는 걸 얻을 수 있다. 모든 건 의식이 만들어내는 홀로그램이기 때문이다"라는 말이 내 가슴을 쳤다. 또한, "우주에서 가장 가치가 높은 세계는 바로 당신의 내면세계다. 내면세계에 부와 풍요, 원하는 것들을 가득 채우면 그것들이 현실 세계에 자동으로 복제된다. 현실 세계는 내면세계로부터 만들어진다. 내면세계가 가장 중요한 이유다. 내면이 바뀌면 현실 세계는 쉽게 바뀔 수 있다"라는 글이 나를 긴장시켰다.

의식성장에 관심 있는 사람들과 대화하면 즐겁다. 배울 게 많고 매사 긍정적인 데다 좋은 에너지를 받게 되니 참 좋다. 긍정적인 사람 옆에 있으면 긍정적인 영향을 많이 받게 되는 것처럼. 이 말은 살면서 멀리해야 할 사람들도 있다는 뜻과 같다. 부정덩어리, 즉 부정적 생각을 많이 하는 사람은 멀리해야 할 대상이다. 부정한 기운은 쉽게 전염되기 때문이다.

노력 여하에 따라 누구나 얼마든지 큰 성장을 이룰 수 있다. 꿈꾸는 모습이 되기 위해서는 우선 현재 내가 할 수 있는 것부터 해야 한다. 내가 바라는 목표로 향하는 과정을 즐겨야 하고, 지금 해야 할 일에 도전해야 한다. 지금 주어진 과제에서 도망치면 안 된다.

그레그 S. 리드(Greg S. Reid)는 "꿈을 날짜와 함께 적어 놓으면 목표가 되고, 목표를 잘게 나누면 계획이 되며, 그 계획을 실행에 옮기면 꿈이 실현되는 것이다"라고 했다. 새롭게 정한 삶의 방향을 향해 계속 나아가야만 하는 이유다. 그런 노력이 쌓여 내 삶이 완성될 테니.

그러면 목표를 달성하기 위해 난 어떤 노력을 기울여야 할까? 이 질문에 대한 답을 고민하던 중 "그만 생각하고, 그냥 하는 거지, 그냥 좀 해!"라는 한 유튜브 섬네일을 보게 되었다. 정말 내 질문에 딱 들어맞는 표현이었다. 더 무슨 말이 필요하겠는가.

나는 의식성장과 영적 성숙을 멈추지 않고 이루어나갈 것이다. 나의 꿈들이 이미 이루어졌음에 감사한다. 풍요롭다는 느낌에 앞으로 무엇이든 다 할 수 있겠다는 기분마저 든다. 자기답게, 크게, 힘차고 아름답게 인생을 장식하자. 후회 없는 삶을 위해 최고로 빛나는 인생을 살기로 선택하자.

의식성장으로 깨닫고 얻은 지혜로
영적 성장까지 이룬다

스물다섯 살 때의 유럽 배낭여행을 시작으로 나는 여행의 꿈을 키울 수 있었다. 비행기도 처음이고, 영어도 할 줄 모르는 상태였다. 그런데도 용기를 내어 떠나려 했던 건, 해외 경험도 많고 영어도 유창한 친구가 있어서였다. 함께라면 무서울 게 없다는 믿음 아래 유럽 배낭여행을 계획하게 된 것이었다.

그러나 생각대로 흘러가지 않을 때가 많은 게 인생 아니던가. 친구와 난 유럽 여행 계획을 다 세웠음은 물론, 이미 비행기 표와 유레일 패스까지 예매한 상태였다. 하지만 친구는 결국 못 가게 되었고, 친구의 지인과 나, 이렇게 둘이서만 배낭여행을 떠나게 되었다.

계획을 함께 짠 친구 없이 떠나는 해외여행은 설렘과 즐거움보다는 두려움이 더 컸다. 해외 경험이 전혀 없는 상태에서 '모르는 사람과 떠나는 여행이라니. 세상에나 이런 조합은 생각조차 못 해봤는데' 하는 마음에 걱정이 산더미처럼 부풀어 올랐다. 잠을 편히 이룰 수 없을 정도였다.

망설여지고 포기하고 싶은 마음이 굴뚝같았지만, 새롭게 변화할 기회라 여기며 나를 다독였다. 편안함과 익숙함을 떨치고 불편하고 낯선 순간을 마주할 때 한층 성숙해진다고 하니, '이왕 여행하는 것 즐기자'라고 마음을 바꾼 것이다. 그러자 마음이 안정되고 여유가 생겼다.

결국, 모든 게 서툰 상황 속에서도 우린 계획대로 잘 다녀올 수 있었다. 걱정했던 것보다 좋은 사람들을 만나 좋은 추억들을 많이 쌓고 돌아올 수 있었다. 무엇보다 새로운 경험이 하나둘 쌓이니 자신감이 생겨 또 다른 여행을 꿈꾸게 되었다.

지금 생각해봐도 그때 그 여행은 내 인생에서 제일 잘한 선택이었다. 그 경험을 통해 뿌듯함을 맛본 것은 물론, 무엇에든 도전하려는 의식과 포기하지 않겠다는 마음을 키울 수 있었으니. 한결같은 익숙함에 젖어 있다 가끔 낯선 세계로 떠나는 여행은, 생각의 폭을 넓혀주고 생각을 유연하게 해주는 듯하다. 내게 여행은 나를 변화시키는 에너지를 얻는 기회일뿐더러 모든 것에 감사할 줄 아는 마음을 키워주는 그런 것이다.

이케다 다이사쿠(池田大作)는 《미래의 대화》라는 저서에서 다음과 같이 읊조린다.

"눈앞의 산을 오르면 멋진 경치가 펼쳐지듯 줄지어 서 있는 산들이 보입니다. 그곳에 또 다른 경치가 새롭게 펼쳐지듯 나만이 넘을 수 있는 산이 있습니다. 인생은 도전 또 도전하는 것. 꿈을 갖는 건 모든 사람의 특권이니, 무엇이라도 좋습니다.

지금은 애매해도 좋습니다. 작더라도 상관없습니다. 이루어질지, 이루어지지 않을지 몰라도 좋습니다. 먼저 마음속으로 그려보면 됩니다. 그리고 정했다면 용기를 내서 한 걸음 내디디어야 합니다. 한 걸음 내디디면 걸어야 할 길이 점점 확실해집니다. 그곳을 향해 곧장 힘차게 전진해야 합니다. 꿈을 목표로 바꾸고, 그 목표를 향해 계속 도전해야만 합니다. 생각만 하고 행동하지 않으면 아무것도 바뀌지 않습니다."

이어서 그는 실패해도 좋고, 실패야말로 자신의 진정한 재산이 된다고 말한다. 고민할 때도, 벽에 부닥칠 때도 있지만, 모두 성장하고 있다는 증거라고 하면서 '현재 자신의 한계'라는 험난함을 뛰어넘으면 새로운 풍경이 펼쳐진다고 말한다. 그렇듯 한 걸음 더 나아가는 노력과 나머지 한 걸음을 내디디려는 끈기가 더욱 중요하고, 인생은 자기 하기 나름이라는 것이다. 주어진 환경으로 인해 모든 게 결정되지는 않으므로, 자신이 환경을 만들고 자신이 길을 열어야 한다고 하면서.

도전은 했지만 바라던 결과가 나오지 않을 수도 있다. 그렇더라도 도전했다는 그 사실 자체는 없어지지 않을 테니 다시 새롭게 도전을 시작하려 한다. 새로운 환경은 내게 새로운 내가 될 기회를 줄 것이다. 그러므로 도전할 수 있는 일부터 하나씩 하나씩 용기와 끈기를 갖고 해나갈 것이다. 그렇게 나에게 주어진 의무를 다하려 한다.

남편 회사에서 집으로 전화가 걸려왔다. 회의 중 남편이 갑자기 쓰러져 병원으로 실려 갔다는 전언이었다. 정신없이 응급실로 달려가보니, 일단 의식을 찾은 남편에게 다시 2차 쇼크가 왔다고 했다. 결국은 중환자실로 옮겨졌고. 보호자 대기실에서 남편의 소생을 간절히 기원하며 나는 남편의 소중함을 절실히 깨닫게 되었다. 그때 문득 뇌경색으로 3년 동안 의식 없이 요양병원에 누워계시는 시아버님이 떠올랐다. 나는 시아버님의 건강도 함께 기원해드려야겠다고 마음먹었다.

남편은 일시적 쇼크 현상이라는 최종 진단을 받고 3일 후 건강하게 퇴원했다. 그리고 3년간 의식이 없던 시아버님은 일주일 후 편안하게 영면하셨다. 지금 생각해보면 이 일이 내 남편의 소중함을 나에게 알려주고자 벌어졌다는 느낌마저 든다.

이렇듯 무엇이든 어떤 일이든 관련 사건이 벌어져야 그것의 귀함과 소중함을 깨닫는 듯하다. 반면, 특정 사건이 일어나도 그 메시지를 알아차리지도, 깨닫지도 못하는 일 또한 빈번한 듯하다. 내가 이번에 겪은 남편 일은 내게 의식성장을 통해 항상 깨어 있어야 한다는 사실을 일깨워주었다.

어느 날 후배가 찾아와 나에게 고민을 털어놓았다. 자신을 좋아하는 남자가 있어 몇 번 만나다 헤어지자고 했다는 것이다. 그런데 그 남자가 스토커처럼 따라다니며 자신을 괴롭히고 있다는 내용이었다. 후배가 자신에게 집착하는 남자가 더 싫고 무서워진 건, 그 당시 스토커에게 목숨을 잃은 사례가 여럿 보도된 탓이었다. 마음을 있는 대로 졸이는 후배에게 나는 "그 남자를 싫어할수록 그는 당신에게 더 달라붙는다. 마음은 빛보다 빠르게 전달되니, 그를 싫어하기만 하기보나는 그가 당신보다 더 좋은 사람 만나 행복하게 살았으면 좋겠다고 빌어줘라"라고 조언해주었다.

내 말에 후배는 마음을 바꿔보겠다고 하며 나와 헤어졌다. 그러고 나서 후배는 세상 행복한 얼굴로 다시 나를 찾아왔다. 그 남자가 떨어져 나갔다고 기뻐하면서. 그해 후배는 사랑하는 사람을 만나 결혼에 골인했다.

이는 정말 마음 하나만 바꿨을 뿐인데 긍정적으로 상황이 바뀐 사례다. 마음이 얼마나 중요한지 여실히 보여주는 사례이기도 하다. 마음의 실재를 자각하면 무한한 힘을 느끼게 된다. 내가 바쁠수록 좋은 걸 접할 기회, 아름다운 걸 볼 기회를 자주 만들려고 하는 이유다. 거기에서 감동이 생겨나고, 그 감동은 마음의 영양분이 되어줄 테니. 그 영양분을 머금은 마음은 점점 풍요로워지고 충만함으로 가득 차게 될 테니. 그러면 하는 일들에 의욕적으로 임하게 되는 건 시간문제일 것이다.

네빌 고다드는 《전제의 법칙》에서 "당신의 의식이 당신의 세상을 만드는 유일한 원인이다"라고 말했다. 김태광 대표님도 의식성장과 영적 성장을 통해 항상 깨어 있어야 한다고 강조하셨다.

그러니 의식을 바꾸지 않은 채 아무리 노력과 시간을 들여봤자, 에너지 낭비일 뿐이다. 문제는 이런 사실을 모르는 사람들이 거의 전부라고 해도 과언이 아니라는 것이다. 힘든 현실을 어떻게든 개선해보려고 죽을힘을 다해 애써보지만 삶은 제자리걸음일 뿐이다. 바뀌지 않은 의식 속 생각들이 곧 현실에 나타나기 때문이다. 가난한 사람들의 의식 안을 들여다보면 불안과 두려움, 결핍으로 가득 차 있다. 그러니 온갖 노력을 기울여 봐도 가난을 벗어날 수 없는 것이다.

대표님은, 그러니 우리가 의식성장을 이루어야 한다, 눈으로 보고 그다음에 마음으로 보고, 그다음에 깨우침, 깨달음이 이어져야 한다, 그래야 그 속에서 지혜가 생겨나고 그 지혜를 내 것으로 만들 때 영적 성장이 일어난다고 하셨다.

김태광 대표님은 목숨 걸고 책 쓰기 코칭을 하신다. 그걸 사명으로 받아들였기에 목숨조차 거시는 거다. 그리함으로써 또 얼마나 많은 사람에게 작가의 꿈을 이루어주었는가. 이 글을 쓰고 있는 나조차도 작가로 만들어주셨을 정도이니.

나도 살아 있는 동안 대표님처럼 많은 사람에게 감동과 기쁨을 체험하게 해주고 힘을 북돋워 줄 것이다. 그렇게 나에게 주어진 사명을 반드시 완수할 것이다.

미국 민중 시인 월트 휘트먼(Walt Whitman)의 시 중 '걸어서, 명랑하게, 나는 대도를 걷기 시작한다'라는 시구가 있다. 지금부터 나는 행운을 바라지 않고 나아갈 것이다. 나 자신이 행운 그 자체이기에.

최희선

미움받을 용기

최희선

"타인의 인정을 바라고 타인의 평가에만 신경을 기울이면,
끝내는 타인의 인생을 살게 됩니다."

— 《미움받을 용기》 —

"뉘 집 딸인지 참 착하네."
"착한 우리 딸, 착한 우리 공주."

나는 어려서부터 착하다는 말을 유난히 많이 들으며 살아왔
다. 착하게 살면 잘살게 된다고 믿었다. 하늘은 착한 사람에게
복을 준다고도 배웠다. 그러나 착하다는 말 속엔 통제가 존재하

며 창조가 없다는 사실을 뒤늦게 깨달았다. 나는 왜 그렇게 착하다는 소리에 갇혀 살았던 걸까?

아홉 살 때 나는 아버지란 이름을 잃어버렸다. 박봉의 군인월급으로는 행복할 수 없다고 생각했던 탓일까? 아버지는 엄마 몰래 군복을 벗어 던지고, 원양어선의 선원이 되었다. 아버지는 바다의 사나이, 해군 출신이다. 사고 당시, 투철한 군인정신을 버리지 못해서였을까? 아버지는 바다에서 한 분을 제외한 모든 선원을 구하셨지만, 결국 자신은 구하시지 못하고 우리 곁을 떠나셨다.

나의 기억 속 아버지는 자상하고 유머도 많은 멋진 분이었다. 3형제 중 둘째셨고, 큰아버지와 작은아버지에게는 모두 아들만 있었다. 이런 환경에서 딸로 태어난 나는 일가친척의 사랑을 독차지한 소금 같은 존재였다. 아까시나무가 울창한 뒷동산은 주말마다 아버지 손 잡고 오르던 곳이다. 아카시아 꽃향기가 풍기는 5월이 되면 유난히 아버지가 그리워지는 이유다. 한땐 동료들 구출보다 가족을 먼저 생각하지 못한 아버지를 원망하기도 했었다. 어떻게든 살아서 우리 곁으로 돌아오지 못한 아버지를 그리워한 적도 많았다. 지금 나는 그 누구보다도 그런 아버지를 자랑스러워하지만 말이다.

스물여덟 살의 젊은 나이에 미망인이 되어버린 엄마는 철없는 아홉 살, 여섯 살 남매를 안고 얼마나 속울음을 삼키셨을까. 실제로는 엄마의 눈물을 한 번도 보지 못했지만. 엄마가 수많은 눈물을 속으로 삼키며 목숨 걸고 우리 남매를 키우셨으리라는 걸 그땐 몰랐다. 결혼하고 두 아들을 키우면서 이제나마 엄마의 마음을 조금은 헤아릴 것 같다. 엄마는 "착한 우리 딸, 착한 우리 공주"라는 주문을 외우셨고, 나는 그 말에 보답하려 착한 딸이 되었다. 아마도 엄마는 나를 키우며 '아버지 없이 자란 자식'이란 말을 듣고 싶지 않으셨으리라. 나 역시 그런 말을 듣지 않으려고 부단히 애썼고.

학교 선생님과의 관계는 유별나기까지 했다. 초등학교 시절, 방학이 되면 나는 선생님 댁에 자주 놀러 갔었다. 하룻밤을 지내고 오는 날도 있었을 정도니, 흔한 경우는 아니었다고 볼 수 있겠다. 중학교 1학년 때였던가. 주말을 맞아 동네 상가에 실내 롤러 스케이트장이 새로 들어섰다. 나는 그곳에서 사촌들과 재밌게 놀았다. 그리고 월요일 아침 등교하니, 선생님이 조회시간에 이렇게 말씀하셨다.

"주말에 OO상가에 새로 생긴 롤러 스케이트장 있지? 거기 가 본 사람 손 들어봐."

나를 포함한 몇 명이 손을 들었다. 그러자 선생님은 이렇게 일침을 놓으셨다.

"앞으로 거기 가면 안 된다."

아이들이 여기저기서 불만을 토하며 웅성거렸다. 나도 마찬가지였지만, 그 후 난 단 한 번도 그곳에 가지 않았다.

착한 아이는 어른 말을 거역하거나 토를 달면 안 된다고 배웠기 때문이다. 특히 선생님 말씀은 더욱 그랬다. 그렇게 나는 어른들이 바라는 착한 아이로 자랐다. 그럴수록 주체성과 창조성은 내게서 멀어져 갔다. 대신 통제와 타인의 기준에 맞춰 살게 되었다. 물론 타인들에게 여전히 착한 딸, 착한 며느리로서. 그땐 몰랐었다. 타인의 인정을 바라고 타인의 평가에만 신경 쓰면 결국 타인의 인생을 살게 된다는 걸. 삶은 스스로 의미를 찾아내고 창조하는 것이라는 걸 그 누구도 내게 가르쳐주지 않았었다.

김종원 작가는 《사색이 자본이다》라는 책에서 생각과 사색의 차이를 이렇게 밝혔다.

"생각은 보이는 것과 보고 싶은 것만 본다. 그러나 사색은 그것을 뛰어넘어 보이지 않는 세상을 바라보고 발견하는 것이다."

나는 나를 사색하리라 결심했다.

나는 누구인가?
나는 무엇을 원하는가?
나는 어떤 삶을 원하는가?

이런 질문들이 나를 무수히 괴롭혔다. 갑자기 나를 찾아 나서는 것은, 지도 없이 낯선 길을 홀로 떠나는 도전과도 같았다. 나는 살면서 한 번도 나를 자세히 들여다보지 못했다. 타인이 정의한 나만 존재했을 뿐이다. 알든, 모르든 내 안의 나와 만나는 일은 고통에 가까웠다. 인정하고 싶지 않은 내 모습을 발견했기 때문이다. 부정하고 싶었지만, 그것도 나라는 것을 인정해야만 착한 콤플렉스에서 벗어날 수 있을 듯했다. 용기를 내어 씌워진 가면을 벗었다. 그리고 내면의 나와 오랜 시간 대화를 나누었다. 외로움이 컸던 나는 내가 혼자 되는 걸 심하게 두려워한다는 걸 알았다. 아무리 좋은 일이어도 혼자 하는 걸 극도로 싫어했다.

서정윤의 시 〈홀로서기〉를 읊조리며 나는 나를 찾으리라 결심했다.

나의 전부를 벗고

알몸뚱이로 모두를 대하고 싶다.

그것조차

가면이라고 말할지라도

변명하지 않으며 살고 싶다.

말로써 행동을 만들지 않고

행동으로 말할 수 있을 때까지

나는 혼자가 되리라.

(중략)

숱한 불면의 밤을 새우며

'홀로서기'를 익혀야 한다.

내가 나를 찾아 떠나는 시간 동안 나는 친구들의 은밀한 따돌림을 겪었다. 친구들의 곱지 않은 시선을 견뎌내는 것, 그것이 내 성장의 첫걸음이었다. 시련은 변형된 축복이라고 하지 않던가. 나는 나를 사색하면서 사랑을 배웠다. 내 안의 충만한 사랑으로 타인을 돌아볼 진심이 생겼다. 내 그릇이 채워지지 않으면 절대 남을 돌아볼 수 없다는 것도 알았다. 인간은 살아남으려 살아가는 존재다. 내 그릇 채우기가 우선인 건 본능이다. 나부터 채워나가려 하는 몸부림 또한 그렇다.

착한 게 나쁘다는 것은 아니다. 하지만 착한 모습을 보이기 위해 타인의 잣대에 따라 행동하다 보면 열등감만 생긴다. 용기를 내어 타인의 시선에서 벗어나라. 세상의 중심은 반드시 내가 되어야 하니까. 남이 내 삶을 대신 살아주진 않으니까.

'진정 나를 사랑하기 위해선 미움받을 용기가 필요하다.'

나는 타인중심의 착함에서 벗어나 나 중심의 선함을 선택했고, 미움받을 용기를 바탕 삼아 홀로서기를 하리라 선언했다. 그렇게 나는 홀로 책 읽는 시간과 혼자만의 시간을 즐기기 시작했다. 그 시간은 나를 배신하지 않았다. 주부였던 나를 여성 사업가로 변모시켰고, 제2의 작가라는 꿈을 향해 뚜벅뚜벅 걸어가게 만들었다.

편안함에 안주하고 있을 때가 아니다. 세상은 빠르게 변하고 있고 육각형 인간을 원한다. 당신은 남은 인생의 시간을 어떻게 보내고 싶은가. 깊이 사색해보길 바란다.

책, 작지만
큰 선물

"책은 인간의 가장 좋은 친구다."

— 에드워드 버튼(Edward Burton) —

"책, 작지만 큰 선물."

강규형 저자의 《대한민국 독서혁명》을 읽으며, 이 글귀에 빨간 별표 3개와 동그라미를 그려 놓았다. 책은 나를 변화시킨 첫 번째 물건이다. 10년을 버텨온 내 가정에 거대한 쓰나미가 몰려올 무렵이었다. 남편에 대한 믿음의 꽃이 흔들리기 시작했고, 그것은 엄청난 빙산처럼 나를 덮쳐 왔다. 나에겐 나를 잡아줄 그 무언가가 절실히 필요했다.

벼랑 끝에 선 마음으로 찾은 작은 도서관에서 나는 내 인생을 변화시킨 첫 번째 책을 손에 쥐었다. 눈에 들어온 붉은 책표지에는《여자라면 힐러리처럼》이라는 제목이 박혀 있었다. 이지성 작가의 책이었다. 두려움을 강한 자신감으로 바꾼 힐러리의 성공습관은 현재 나의 모습을 점검하게 해주었다. 힐러리도 처음엔 나약한 도도새였다는 것도 알았다. 돈을 버는 여자가 주도권을 쥔다, 성공 독서법, 입체적 사고라는 글귀에 매혹되어 순식간에 읽어버린 책이었다.

나는 일찍 아버지를 여의고, 생활전선에 내몰린 엄마의 빈자리를 느끼며 외로움을 키워온 아이였다. 겉으로는 항상 웃는, 사회성이 원만한 착한 아이였지만 말이다. 그래서인지 아무도 알아차리지 못했다. 내 안의 커다란 외로움을.
대학 시절 한 친구가 내게 이런 질문을 했다.

"넌 꿈이 뭐야?"
"꿈? 현모양처. 난 현모양처가 꿈이야."

외로움이 컸던 나는 빨리 가정을 이루어 지혜로운 아내, 현명한 엄마의 역할을 다하리라 꿈꾸었다. 그때 그 친구의 꿈은 커리어우먼이었다고 한다. 당시 그 친구가 나에게 크게 실망했었다는 이야기를 훗날 전해 들었다. 꿈은 서로 맞지 않았지만, 고민을 나누고 소통할 수 있는 좋은 친구였다. 지금은 하늘의 별이 되어버려 그마저 함께할 수 없음이 안타까울 뿐이다.

《여자라면 힐러리처럼》은 도도새처럼 나약한 나에게 '독수리의 심장을 품고 강해져라'라는 메시지를 전해준 책이다. 클린턴의 아내가 아니라 힐러리 로댐으로 기억되는 여자, 빛나는 그 이름 힐러리. 책은 나도 누군가의 아내, 누구의 엄마가 아닌, 내가 주인공인 삶을 살고 싶다는 욕망을 갖게 해주었다.

힐러리라는 인물에 자기계발 방법을 접목한 책이지만, 자기계발서 같은 느낌은 전혀 주지 않았다. 이지성 작가의 글은 막힘없이 술술 읽힌다는 큰 장점이 있었다. 작가에 대한 궁금증을 처음으로 일게 만들었다. 마지막 책장을 덮음과 동시에 나는 작가의 메일 주소와 프로필을 찾아봤다. 섬세한 필력에 얼굴이 공개되어 있지 않은 프로필은 여성 작가로 오해하기 딱 좋았다. 아마도 처음 접한 그의 책이 힐러리를 주인공으로 한 것도 한몫했으리라.

그렇게 나는 이지성이라는 작가를 좋아하게 되었고, 베스트셀러인 《꿈꾸는 다락방》, 《리딩으로 리드하라》, 《학원 과외 필요 없는 6.3.1 학습법》, 《에이트》 등 그의 작품을 거의 다 읽다시피 했다. 나는 철학적인 그의 가치관이 좋았다. 《리딩으로 리드하라》에서 그가 소개한 단계별 인문고전도 읽어 나갔다. 그렇게 그는 내게 '책'이란 좋은 친구를 소개해준 고마운 작가 중 한 명이다.

나에게 변화를 선물해준 또 하나의 책이 있다. 나를 변화시킨 내 인생 두 번째 책은 강규형 저자의 《대한민국 독서혁명》이다. '변화, 나로부터 비롯되다'라는 모임은 단순히 책을 읽고 토론에 그치는 모임이 아니다. 홀로 하는 독서에서 벗어나 함께 책을 읽고 깨닫고 적용하는 과정을 거쳐 삶의 변화를 끌어내는, 새롭고 독특한 독서 문화를 보유한 모임이다. 책은 이 모임을 통해 실제의 삶 속에서 많은 변화와 성공을 만들어낸 진솔한 이야기들을 담고 있었다.

'독서 포럼 나비'는 매주 토요일 아침 6시 30분, 전국 각지에서 모여든 사람들이 독서 토론을 벌이는, 서울 지역 모임이다. 이러한 포럼 진행 방법은 나에게 충격을 주었다. '주말 새벽, 전국 각지에서 독서 토론을 위해 사람들이 모인다고? 왜?' 궁금증이 폭발해 폭풍검색을 시작했다. 우주가 내 마음을 알아차렸던 걸까? 비슷한 모임이 부산 지역에서도 처음 생긴다는 정보를 얻게 되었다. 서울까지도 가려고 마음먹었던 내게, 부산 양산에서 남천동까지는 감사함을 느끼게 하는 거리였다. 6시 30분에 시작하는 〈미라클 모닝〉, 내친김에 9시부터 진행되는 또 다른 독서 모임 〈지인성〉까지 등록해 2개의 인연을 만들었다. 그렇게 나는 2년 정도, 매주 토요일 오전을 2개의 독서 모임에 참석하는 것으로 열었었다. 독서에 대한 열정을 전투적으로 불태운 시간이었다.

'독서 포럼 나비'의 연간 행사 중 하나인 단무지 독서 M.T는 매년 5월 2박 3일 일정으로 진행되었다(코로나19 이후 현재는 중단된 것으로 알고 있다). 단무지 독서 M.T는 '자연' 속에서 '함께' '떼독서'를 하는 행사다. 가족 단위 참여가 많았다. 바쁜 일상을 벗어나 자유롭고 편안하게 책을 읽고, 산책하고, 멘토링하다 보면 자연스럽게 힐링되었다. 알록달록 여행용 가방에는 옷이 아닌 다양한 책들이 한가득 담겨 있었다. 어디에서도 보기 쉽지 않은, 이색적인 모습들이었다.

당시 나는 열정과 정열을 독서와 자기계발에 투자한 시간 부자였다.

그러나 이런 나의 열정과 정열을 보는 주변 시선이 그리 곱지만은 않았다.

"책은 혼자 차분히 읽으면 되지, 무슨 새벽부터 모여서 독서 토론을 한다는 거야?"
"책은 집에서 읽어도 되는데 굳이 돈 써가며 거기까지 가?"

이렇게 의아해하거나 비아냥거리는 이들도 있었다. 하지만 나는 그 시간이 의미 있고, 행복했었다. 이제 그때 써놓은 버킷리스트가 하나씩 지워지는 대신 새로운 버킷리스트가 업데이트되고 있지만 말이다.

그때 내가 작성한 버킷리스트 중에는 훗날 내 이름으로 된 책을 한 권 출간해보고 싶다는 바람을 적은 것도 있었다. 현실적인 삶의 무게에 짓눌리며 잠시 꿈을 잊고 살던 어느 날이었다. 나는 김태광 대표님의 《100억 부자의 생각의 비밀 필사 노트》에서 심장을 때리는 한 문장을 만나게 된다.

"성공해서 책을 쓰는 것이 아니라 책을 써야 성공한다."

이 한 문장은 나에게 저자를 직접 만나게 해주는 촉매제 역할을 했다. 나는 책의 저자에게서 지금껏 만나왔던 작가들과는 다른 에너지를 느꼈다. 그는 성공과 변화를 꿈꾸는 사람들에게 시간의 가치를 일깨워주고, 책 쓰기를 통해 퍼스널 브랜딩을 하도록 돕는 코치다. 내면에 숨겨져 있는 거대한 빙산, 무의식. 그 잠재의식을 일깨워 사람들의 성장을 이끈다. 절대 친절하지 않은 독설로 과거의 고착된 자아, 그 단단한 알을 깨고 나오라고 목 놓아 외친다. 그 외침에 깨달음을 얻은 자들은 성공이라는 고속열차 탑승권을 손에 넣게 된다. 원하는 목적지에 도착해 자유로운 삶을 누리게 된다. 반면, 깨우침을 얻지 못한 자들은 비둘기 열차에 탑승해 유유자적 현재의 삶을 누리지만, 변화와 발전이라곤 없는 삶을 살게 된다.

인생에는 단단한 결심이 필요한 중대사(重大事)가 있다. 예를 들어, 출생, 대학 입학, 취업, 결혼 같은 것들 말이다. 이 중 출생을 제외한 나머지는 모두 내 선택에 따라 명암이 갈리게 된다. 과거에 나는 이런 중대한 일들에 내 주체성을 살려 임하지 못했다. 내 출생은 물론 입학, 취업, 결혼까지 모두 타인에 의해 결정되었다. 어리석게도 나는 내 인생이 아닌 타인의 인생을 살아온 셈이다.

그런 삶 속에서 독서야말로 나를 주체로 시작된 변화였으며, 작지만 큰 선물이었다. 독서를 하면서 나를 발견하고, 알아가며 나는 비로소 주인공의 삶을 살게 되었다. 독서를 하면서 나는 누군가의 아내, 누구의 엄마가 아닌, 방문 요양사업을 이끄는 대표가 되었다. 잊고 있던 꿈을 찾아 이렇게 공저자로서 글도 쓰고 있다. 곧 나의 이름으로 된 책이 출간될 예정이기도 하다.

독서는 읽은 내용 중에서 깨달음을 얻어 삶에 적용하려고 하는 행위다. 독서 이전에 의식성장을 이루는 것은 선택이 아닌 필수다. 책이 나의 가장 좋은 친구였다면, 의식성장은 내 안의 신성을 깨닫게 해준 그 무엇이다. 나를 변화시키려면 나를 믿는 게 최우선일 것이다.

제
나

당신이 그리는 당신의 미래는 어떤 모습인가?

제나

"우리는 우리가 생각하는 대로 된다."

얼 나이팅게일(Earl Nightingale)은 "어떤 사람이 되고 싶은지 알면 당신은 그런 사람이 될 것이다"라고 저서 《사람은 생각하는 대로 된다》에서 말하고 있다.

나는 대학 입시 때 원하는 대학 진학에 실패하고 전문대학에 입학하게 되었다. 그래서인지 대학에 다니면서 나는 특별한 재미나 흥미를 느끼지 못했다. 방황 아닌 방황을 많이 했다. 고등학교를 졸업할 때까지만 해도 나는 내가 하고 싶은 공부를 하고 있다고 생각한 적이 없었다. 그렇다고 공부가 아닌 다른 무언가를 해볼까, 하는 욕망을 가져본 적도 없었다.

내 주위에는 모두 대학 진학을 당연시하는 어른들뿐이었고, 학교에서도 대학 진학을 위한 공부만 시켰다. 그러다 보니 공부에 대한 개념이 학교에 다니니까 하는 것이고, 대학에 가야 하니 하는 것이라고만 머릿속에 박히게 되었다. 꿈도 목표도 없이, 그저 특정 대학 진학이 목적이었던 셈이다.

어느 누가 시킨 것도 아니고, 선택권도 없이 태어나 보니 살고 있었고, 취학 연령이 되니 초등학교에 입학해야 했고, 그다음 중학교, 고등학교에 순차적으로 다니게 되었을 뿐이다. 마치 정해진 순서대로 컨베이어에 재료를 얹으면 물건이 완성되어 나오는 공장의 대량생산 시스템처럼 말이다. 본인의 선택이긴 하지만, 우리 사회에선 대학이 당연히 가야 하는 코스처럼 인식되고 있다. 그러다 보니 대학에 가고 안 가고가 낙오자를 가르는 척도처럼 여겨지고 있다.

고등학교 때까지만 해도 나는 교과과목에 특별한 재미를 느끼지 못했다. 그래도 되짚어보니 과학만큼은 좋아했던 듯하다. 지금도 그렇겠지만 당시에도 성적에 맞춰 대학과 전공을 선택하는 경향이 있었다. 그런 분위기 속에 나는 '어차피 가고 싶은 대학 못 갔으니 아무 학과나 가자!'라는, 반쯤 포기한 심정으로 학과를 선택했다. 당연히 전공인 전자공학에 대한 이해는 전혀 되어 있지 않았다.

방황 아닌 방황을 하던 중, 시간 강사로 오신 교수님의 전공 과목을 수강하게 되었다. 이는 지금의 나를 있게 해준 신의 한 수였다고 해도 과언이 아니다. 그 교수님은 과학기술 분야 정부 출연연구기관인 연구소의 연구원이면서 시간 강사로 활동하는 분이었다. 그런데 그 전공 과목을 수강하는 동안 나는 '오! 이거 뭐지? 재미있네!'라는 생각이 들었다.

그 작은 생각이 나를 움직였다. 나는 도서관에서 관련 전공 서적들을 찾아 나갔다. 또한, 관련 전공 과목을 찾아서 수강하는 열심도 부렸다. 그러면서 나는 내가 원하는 것을 열망하며 그 대상에 집중하는 나를 보게 되었다. 그동안 내가 원해서 공부해 본 적이 있었던가? 수학 공식을 외우고, 영어 단어를 암기해도 시간이 지나면 까먹기 일쑤였다. 그런데 신기하게도 공부해보고 싶다는 마음과 생각이 든 순간부터는 달랐다. 암기한다고 내 것이 되지 않는다는 걸 깨달은 것이다. 이해가 중요하다는 것도. 이를 계기로 나는 이 분야의 연구소에서 연구하고 싶다는 꿈을 품게 되었다.

연구소에서 실험하고 연구하는 나를 상상하며, 나는 지금 내가 할 수 있는 게 무엇인지 따져보게 되었다. 나는 연구원이 되려면 어떤 자격을 갖추고, 어떤 공부를 해야 하며, 무슨 준비를 해야 하는지 거듭거듭 생각했다. 내 모든 생각과 행동을 나의 목표 및 꿈에 맞춰 나가기 시작한 것이다.

'1차로 전문대학을 졸업하고, 그다음 4년제 대학에 편입해야겠다. 그러려면 우수한 학점과 우수한 영어 성적이 필요하겠지.'

나는 우수한 학점을 받으려고 수업에 집중하고 열심히 공부했다. 그러다 보니 시험도 잘 보게 되었을뿐더러 장학금까지 받게 되었다. 의도한 건 아니지만 '재미있네!'라는 작은 생각이 이렇게 큰 나비효과를 불러온 것이다.

아무 생각도 없이 선택한 학과였다. 다행히도 흥미와 매력을 한껏 드러내며 나에게 인생 목표와 꿈을 갖게 해주었지만 말이다. 아마도 과학계열에 대한 내 관심이 내 잠재의식에 붙박여 있다가 나를 전자공학과로 이끈 게 아닌가 싶다. 그게 현재의 나도 있게 해주었고.

나는 연구원이 되겠다는 목표와 꿈을 이루겠다는 열망을 안고 전문대학 2년을 보냈다. 그 2년 동안 놀지도 않고, 수업도 한번 빼먹지 않고, 성실하게 공부만 했다. 그런데도 매우 재미있었고, 후회 없이 만족스러운 학교생활을 할 수 있었다. 내게 꿈과 목표를 찾게 해준 시간 강사 교수님의 그 강의는 무엇보다 소중한 내 인생 페이지로서 자리매김하고 있다.

4년제 대학 전자공학과에 편입하고도 나의 목표와 꿈은 변하지 않았다. 전자공학은 공부하면 할수록 더욱 내 흥미를 끌었고, 내 꿈과 목표는 확고해져 갔다. 4년제 대학의 수업은 한 단계 수준이 높았다. 그게 나를 더욱 자극했고, 더 열심히 해야겠다는, 더 잘하고 싶다는 욕망을 끓어오르게 했다. 수업을 들으면서 모르는 내용이나 새로운 용어들이 나오면 내 머릿속은 배움을 향한 더 큰 욕망으로 들끓었다. 나는 수업이 끝나는 대로 도서관으로 달려가 새롭게 배운 내용과 용어들을 내 것으로 만들었다. 이어서 과제를 끝내고, 복습하는 것으로 그날 하루를 마무리했다.

뒤돌아 생각해보면, 편입하고 나서의 2년이란 시간 동안 나에겐 도돌이표처럼 학교, 도서관, 집을 오간 기억밖에 없다. 대학 생활의 꽃은 '땡땡이'라고들 하지 않던가. 그 흔한 수업 땡땡이를 한 번도 못 쳐봤다는 게 아쉽기는 하지만 후회는 없다.

4학년 2학기가 되자 나는 진로를 정해야 했다. 이때 나는 한 치의 망설임도 없이 대학원 진학을 선택했다. 대학원 생활은 논문을 찾아 읽고, 새로운 아이디어를 내고, 실험하는 게 전부였다. 대학 과정은 과목이 다양해 좋아하지 않는 과목도 있었지만, 대학원은 달랐다. 내가 선택한 세부 전공에 관련된 과목만 수강할 수 있어 오히려 더 집중할 수 있었다.

실험실에서 찾아놓은 논문 읽기와 새로운 조건으로 실험하기는 대학원 생활의 핵심이었다. 우리 학교에 상상할 수도 없이 다양한 데다 고가인 실험장비가 갖춰져 있지 않을 때면, 다른 학교가 보유한 장비도 활용해야 했다. 실험 결과를 측정하려면 측정 전문기관에 의뢰도 해야 했다. 그 때문에 다른 지역으로 출장을 가는 일도 빈번했다. 이는 논문 읽기와 실험으로 점철된 단조로운 대학원 생활의 돌파구가 되어주기도 했다.

나는 집순이의 기질도 있고 밖순이의 기질도 있다. 집에 있기 시작하면 집에만 있고, 밖에 나가기 시작하면 잠시도 집에 붙어 있지 않는다. 대학원 생활은 그런 나에게 정말 안성맞춤이었던 듯싶다. 나도 모르는 사이에 내가 그런 생활을 원하고, 상상해 왔던 것 같다.

《생각하라, 그리고 부자가 되어라》의 저자 나폴레온 힐(Napoleon Hill)은 "긍정적인 감정들이 나를 위해 작동하게 하라"라고 말하면서 "잠재의식은 이성에서 나온 생각보다 감정이나 정서와 결합한 생각에 훨씬 잘 반응한다. 감정화된 생각만이 잠재의식에 실질적인 영향을 미친다. 사람들 대부분은 감정(정서)에 지배된다. 부정적인 감정은 자연스럽게 사고로 유입되어, 딱히 어떤 행동을 취하지 않아도 잠재의식에 직접 붙박인다. 반대로 긍정적인 감정은 자기암시의 법칙을 통해 잠재의식에 사고 자극을 주입해주어야만 한다. 감정(정서)은 수동적인 사고 자극을 활성화하는 촉매다. 그래서 감정 자극과 결합한 사고 자극이 '차가운 이성'에서 발현된 사고 자극보다 훨씬 쉽게 활성화되는 것이다"라고 덧붙였다.

원했든 원하지 않았든 내가 선택한 전자공학에서 느낀 '재미있네'라는 긍정적인 기분과 감정이 나를 작동하게 만들었던 셈이다. 나의 긍정적인 감정이 이성에서 비롯된 생각과 결합해 나의 잠재의식에 자극을 주입한 것이다. 지금 생각해봐도 나는 학업에 특별한 재능과 관심이 없었다. 그런 내게 긍정적인 감정 하나가 내 인생의 방향을 결정할 만큼 큰 변화를 주었다니, 놀라지 않을 수 없다.

'생각은 목표를 이루는 첫걸음이다'라는 말처럼 내 목표를 이룬 첫걸음은 나의 작은 생각으로부터 시작되었다. 그렇게 나는 전자공학이란 학문을 10년간 공부했고, 지금도 여전히 그 분야에서 일하고 있다.

《논어》의 '아는 자는 좋아하는 자만 못 하고, 좋아하는 자는 즐기는 자만 못 하다'라는 말이 생각난다. 재미있다는 작은 생각 하나에서 시작해 처음에는 알려고 노력했고, 알려고 하다보니 좋아하게 되었고, 이제는 즐기는 자가 되었다. 현실을 바꾸고 싶다면, 매일 자신이 무슨 생각을 하며 살고 있는지 점검해보도록 하자.

내면세계를 긍정으로
가꿔라

얼 나이팅게일은 《사람은 생각하는 대로 된다》라는 책에서 "좋은 생각을 품고 있는 사람은 좋은 일을 끌어당기고, 걱정, 의심, 두려움, 질투 등 나쁜 생각을 품고 있는 사람은 나쁜 일을 끌어당긴다"라고 말했다.

대부분의 젊은 여성이나 남성에겐 이상형이 있다. 결혼 대상을 찾을 때도 자신의 취향에 따라 선택 기준을 정할 것이다. 그러나 나는 그런 기준이 명확하게 세워져 있지 않았다. 비혼주의자는 아니었지만, 박사 과정 중이어서 결혼 자체를 생각하지 않았다. 남자를 만나고 싶다는 생각 자체를 하지 않았던 만큼 '이런 사람과 결혼해야지!' 또는 '나의 이상형은 이런 사람이야!'라고 정해놓은 게 없었다.

하지만 '언젠가는 결혼하겠지?'라고 막연히 생각하며 최소한 '이런 사람은 싫다!'라는 기준은 있었다. 지금 생각해보면, 그렇게 중요한 반려자를 고르는데 왜 선택 기준조차 없었을까, 어처구니가 없을 정도다. '나는 이런 사람과 결혼하겠다'라는 최소한의 기준이라도 좀 만들어둘걸, 지금도 가끔 후회하는 대목이다.

어느 날 막내 이모가 갑자기 전화를 해왔다. 그러곤 "시간 언제 되니? 누구 좀 만나볼래?"라고, 공부 열심히 잘하고 있는 나에게 뜬금없이 맞선을 보라고 했다. 나는 "싫은데! 결혼할 마음이 없는데 뭐 하러 만나?"라고 이모의 제안을 일축했다. 결혼 생각이 없었기 때문에 사람을 만난다는 게 무의미하게 생각되었고, 그런 시간조차 아까웠다.

며칠 뒤 막내 이모로부터 다시 전화가 걸려왔다. 내 반응에 당황했었는지 이모는 이번엔 "그냥 만나봐, 누가 결혼하래? 좋은 사람이면 계속 만나보는 거고, 아니면 그냥 세상엔 저런 사람도 있구나, 하고 털어버리면 그만이지. 너무 깊이 생각할 필요 없잖아!"라고 눙쳐 말하는 것이었다. 그 말에 나는 나도 모르게 "그런가? 알았어"라고 대답해버렸다.

그러고 나니 갑자기 궁금해졌다. 이름은 무엇이고, 집은 어디고, 무엇을 하는 사람인지, 기본은 알아야 할 것 같아서 물어봤다. 그런데 내가 싫다고 한 조건에 딱 부합하는 사람이었다. 어떻게 그 많은 조건 중 내가 싫다고 한 조건 세 가지에 딱 맞춤인 사람인지, 운명의 장난인가 싶었다. 그렇다고 만나지 않겠다고 갑자기 번복하기도 좀 어려운 상황이었다.

만남이 내키진 않았지만, 나는 할 수 없이 약속 장소에 나갔다. 어쨌든 만나기로 한 사람이니 최소한의 예의는 지켜야지, 하면서. 상대방의 조건이 싫을 뿐이지 그 사람이 싫은 건 아니니, 굳이 나쁜 인상을 남길 필요는 없으리라 생각했다.

처음 만난 날, 우린 이런저런 이야기를 나누었다. 첫인상이 나쁘진 않았다. 그렇다고 상대방이 마음에 든 것도 아니었다. 몇 시간 대화한 것뿐인데, 어떤 사람이라 평가하는 것도 애매하기만 했다. 서로 보통 이상도 이하도 아닌, 특별한 감정 없이 집으로 돌아가게 되었다. 그래서 만남을 주선해준 막내 이모에게 딱히 할 말도, 더 궁금한 점도 없었다.

그 일 이후 한 달 정도 지났을까. 막내 이모에게서 다시 전화가 왔다. 이모는 한 번 더 만나보는 게 어떻겠냐며 은근히 나를 압박했다. 막내 이모는 그때 왜 나를 그렇게 몰아붙이다시피 했을까? 지금 생각하면 허탈한 웃음만 나온다. 지금 와서 막내 이모를 원망해봤자 소용없는 일이지만….

그렇게 두 번째 만남이 이루어졌고, 그 이후 지금의 남편은 우리의 관계를 발전시키려고 적극적으로 행동하기 시작했다. 남편의 실행력과 추진력을 바탕으로 결혼은 성사되었다. 이상하게도 나는 그때 이 사람과 결혼하지 않으면 안 될 것 같다는 생각이 들었다. 그때의 그 느낌이 지금도 이해되지는 않지만 말이다.

《잠재의식을 지휘하는 방법》의 저자 크리스티안 라슨(Christian Daa Larson)은 "잠재의식은 항상 원하는 자질과 조건을 생산하도록 지시되어야 하지만, 제거되어야 할 조건은 절대 마음속에 언급되어서는 안 된다. 하지만 마음이 부정적인 상황에 집중하는 동안, 마음은 깊은 진실의 인상을 받아 그것을 창조하고 확립할 수 없다"라고 말했다. 더불어 "잠재의식에 이러지 마라, 저러지 마라, 라고 지시하는 것은 바로 그렇게 하도록 잠재의식에 각인하는 것이다. 부정은 부정하는 바로 그것의 본질과 힘을 잠재의식에 각인할 것이다"라고 덧붙이고 있다.

나는 나도 모르게 내 잠재의식에 부정적인 조건을 각인시키고 있었던 셈이다. 기분 좋은 감정과 생각으로 내가 원하는 것을 상상하고 꿈과 목표를 이뤄냈던 것처럼, 나는 부정적인 생각, 즉 부정적인 조건(이런 사람만 아니면 된다는 세 가지 조건)이 긍정적인 결과로 이어졌다는 사실에 놀라지 않을 수 없었다. 잠재의식이 긍정과 부정을 구분하지 못한다는 이야기가 정말 맞아떨어진 것이다. 놀랍게도 잠재의식에 지시한 것이 아닌, 단지 그 방향을 통해 전달된 지배적인 생각이 결과를 결정지은 것이다. 이게 내가 우리의 내면을 긍정으로 가꿔야만 한다고 강조하는 배경이다.

나는 사춘기 딸아이를 키우면서 3년 동안 많은 시행착오를 겪었고, 그러면서 얻은 결론이 있다. 하나는, 내가 보내는 진동에 맞춰 아이 자신도 진동을 보낸다는 것이다. 내가 짜증을 보내면 짜증으로 반응하고, 긍정의 신호를 보내며 말을 걸면 긍정적이거나 최소한 부정적이지 않은 반응이 돌아온다. 처음에는 신기했지만, '그건 당연한 것 아닌가?' 하는 뒤늦은 깨달음이 있었다. 나도 그렇고, 사람이라면 누구나 그렇게 반응하지 않을까, 하는 생각이 들었다. 나는 이 간단한 진리를 3년이라는 오랜 시간, 많은 시행착오를 겪고 나서야 비로소 깨달은 것이다.

그런데 사람은 망각의 동물이라고, 사춘기 딸아이의 일상을 보면서 내 잠재의식 속에 의식적으로 긍정을 각인해야만 한다는 것도 알게 되었다. 그러지 않으면 자신도 모르게 부정적인 생각이 떠오르기 때문이다. 알고 있다고 내가 모두 실행하는 것도 아닐뿐더러, 모르고 있다고 내가 실행하지 않는 것 또한, 아니다. 알고 있어도 습관화되지 않으면 행동이나 말로 이어지지 않기 때문이다.

나폴레온 힐은 "부정적인 감정은 자연스럽게 사고로 유입되어 딱히 어떤 행동을 취하지 않아도 잠재의식을 향해 직접 나아간다. 반대로 긍정적인 감정은 자기암시의 법칙을 통해 직접 잠재의식에 사고 자극을 주입해주어야만 한다"라고 말한다.

그렇다. 부정적인 생각은 정말 나 자신도 모르게 떠오른다.

내가 의식적으로 '하지 말아야지' 하는 순간에도 부정을 생각하게 되는 것이다. 그러니 긍정적인 감정을 의도적으로 주입하는 것만이 유일한 해결 방법이랄 수밖에.

또 하나는, 사춘기 딸이 내게 온 이유가 있을뿐더러, 내게 일어난 모든 일은 일어나게 되어 있던 일들이었다는 사실이다. 사춘기 딸과 부딪치며 힘들어했던 3년 동안, 나는 내가 모르고, 내가 몰랐던 나의 내면 자아를 발견했다.그리고 나 자신을 치유할 시간이 필요하다는 걸 알게 되었다. 단시간에 치유될 성질의 것은 아니지만, 그 사실을 알았다는 것만으로도 얼마나 다행인지 모르겠다.

그동안 사춘기 딸아이의 말과 태도에 자극받고 그 자극에 반응하며 부딪치는 상황이 연속되어 서로 힘들어했었다. 그러나 이제는 사춘기 딸아이의 말에 즉각 반응하지 않는다. 대신 대응 방법을 생각하며 내 내면에 의식적으로 긍정적 감정을 주입하고 새긴다.

웨인 W. 다이어(Dr. Wayne W. Dyer)와 에스더 힉스(Esther Hicks)는 《우주는 당신의 느낌을 듣는다》라는 책에서 "여러분이 경험하는 모든 것이 여러분한테 오는 까닭은, 여러분이 진동을 내뿜고 그 진동에 '끌어당김의 법칙'이 반응하기 때문이에요"라고 말하고 있다. 더불어 "마치 돌아가는 진동 원반 위에 여러분이 서 있다고 할 때 같은 진동을 하는 사물들만이 원반 위의 여러분과 연결될 수 있는 것과 같아요. 여러분의 원반은 여러분이 하는 생각과 여러분이 느끼는 감정에 따라서 바뀐답니다"라고 덧붙였다.

내 생각을 긍정으로 바꾸는 것을 시작으로 내 주위의 모든 걸 바꿀 수 있다는 사실을 알아야 한다. 나는 이제 내 생각과 상상에 내가 원하는 기분 좋은 것들로 채우려 한다. 내가 생각하는 게 내 주변의 것들을 끌어당긴다는 사실을 알았기 때문이다. 앞으로 나에게 다가올 일들과 미래는 내가 원하는 것들로, 내가 상상하는 것들로 끌어당겨 채워나갈 수 있으리라 믿는다. 과거에 내가 겪은 것들, 지금 현재 상황들 모두 내가 끌어당긴 거라는 사실 또한 잊지 않을 것이다. 내 미래를 내가 원하는 대로, 내가 상상하는 대로 만들어나갈 수 있다는 긍정이야말로 내게 좋은 기분을 안겨주는 밑바탕일 것이다.

금선미

세계여행 가기 전에 먼저
해야 할 내면여행

금선미

나는 심리상담을 얼어붙은 가슴에 봄이 오는 느낌을 경험하게 하는 것이라고 표현하고 싶다. 아마 이 말도 누군가의 글에서 읽었거나 어디 강의에서 들은 말 중 하나일지 모르겠다. 그 말이 내 마음에 남아 이렇게 쓰이고 있는지도 모르겠다. 다만 이 말에 동의할뿐더러 나 또한 그런 체험을 한 바 있어 다시 한번 되새기고 싶었다.

내 겉모습은 어땠는지 모르겠다. 하지만 내 마음속엔 늘 걱정과 불안, 불편감이 있었던 듯하다. 그게 아니면 나와 가까운 타인들을 어떻게 만족시킬까, 궁리하고 있었거나. 그들의 마음을 헤아리고, 기분을 맞추기 위해 애썼던 날들이 많았다. 그래야 내가 행복하고, 내 존재가 의미 있다고 생각했던 것 같다. 왜냐하면, 나는 늘 함께 행복을 느끼는 데 가치를 두고 있었기 때문이다.

이런 심리는 심리상담 전문가가 되기 위해 스스로 내담자가되어 내면을 탐색하고 들여다보는 교육 분석 상담 경험을 통해조금씩 알아차리게 되었다. 당연히 나는 그 이상을 알고 싶었고, 다양한 집단상담 체험을 마다하지 않았다. 그리고 이젠 아주 자연스러운 일상이 된 명상까지, 오랜 세월 조금씩, 천천히 그 심리를 분석해왔다.

늘 좋은 마음, 나쁜 마음(Good and Bad) 사이에서 우왕좌왕하던나였다. 그 마음을 전문가와 함께 나누어보는 체험은 나를 설레게 했다. 내 이야기를 하는 동안 눈물이 흐르지 않은 날이 거의없었다. 주중에는 일하고 주말에는 왕복 4시간이 걸리는 거리를4년 넘게 오갔다. 그 속엔 기껍고 즐겁게 했던 내면 작업도 있었다. 그만큼 나는 내 마음이 아주 홀가분해지길 기대하고 바랐던듯하다. 더 솔직히 말하면, 불편감 없이 늘 완전하게 행복하고편안했으면 싶었다.

그렇게 내면 작업을 하는 동안에는 마음의 불편감이 해소되고편안한 듯했다. 하지만 일상생활을 하다 보면 또 다른 불편감이불쑥 올라오곤 했다.

정신분석 상담, 게슈탈트 상담 접근, 통합적 접근, 마음 챙김 명상, 교류 분석 상담 등 나는 많은 이론의 실제 상담을 직접 체험하고 공부했다. 그중 내가 가장 공감을 느꼈던 상담의 한 장면이 있다. 뿔테안경을 쓴, 과묵해 보이는 선생님의 개인 사무실에서 한 심리상담이었다. 그분은 내 출신 학교 대학원에 강의하러 오셨던 적도 있다고 했다. 하지만 나는 그 강의를 듣지도, 그분을 알지도 못했다. 다만 그분의 《도정신치료 입문》(이동식 저)이라는 책을 읽으며 나도 그 책의 사례처럼 내담자들에게 상담해주고 싶었다. 직접 그런 상담을 받아보려 한 이유다.

대학원 교재 같은 그 책을 읽으면서 나는 회사 책상에 엎드려 아이처럼 펑펑 울었다. 출퇴근하는 지하철 안에서도 눈물은 하염없이 흘러내렸고, 나는 이유도 모른 채 그 눈물을 닦아내기 바빴다. 그렇다고 그때 집에 무슨 일이 있었던 것도 아니었다. 누가 봐도 나는 그냥 잘 살아가고 있는 평범한 30대였다.

한 40여 분 진행되는 상담 시간에 그 선생님은 늘 별말씀이 없으셨다. 하지만 내 이야기에 집중하고 있다는 느낌은 항상 받고 있었다. 나는 이런 태도를 중시한다. 왜냐하면, 다들 좋은 것, 선한 것을 입에 올리면서도, 그것을 행동으로 꾸준히 보여주는 사람은 드물기 때문이다. 이는 내가 행동 관찰을 많이 하는 근본 바탕이 되고 있다. 또한, 이는 내 삶에서 남의 말만 듣고 믿거니 하다가 손해 본 경험이 그만큼 많았다는 방증이 아닐까.

그러던 어느 상담 날, 나의 어린 시절 초기기억 탐색에서 나는 그때의 꼬마 선미를 만났다. 외가댁 대청마루 끝에서 엄마를 부르며 목 놓아 울던 꼬마 선미가 떠오른 것이다. 나도 처음 만나는 내 내면아이였다.

한 맺혀 곡하듯 우는 나를 보며 선생님이 조심스럽게 안경 밑에 휴지를 가져다 대는 걸 봤다. 나는 울면서도 그분이 같이 울고 있다는 걸 알 수 있었다. 늘 별말씀이 없던 그분이 나의 이야기를 들으며 내 슬픔에, 꼬마 선미의 눈물에 감정이입 한 것이었다. 그게 내가 경험한 그 많은 교육 분석 중 가장 공감받은 순간이었던 듯하다. 그 꼬마는 그렇게 누가 곁에서 함께 울어주기를, 자신의 슬픔에 동참하기를 바랐나 보다.

이런 존재론적 대화는 꼭 많은 말을 주고받아야 하는 건 아니다. 이렇게 서로의 정서가 교감 되는 순간에도 대화가 이루어질 수 있다는 걸 느끼게 해준 체험이었다. 나는 이렇게 대학원 교재에 나오는 상담심리이론을 머리로 외워서 알기보다는 직접 내 가슴으로 체험하고 경험하길 바랐다. 그리고 나는 그렇게 공부하고 수련해왔다.

이렇게 길게 내가 해온 상담심리 공부를 설명하는 이유는, 그 과정에서 그동안 내 삶에서 풀고 싶었던 많은 것들을 직접 체험하며 해결했기 때문이다. 지금 그때의 나와 같은 마음으로 이 책을 읽고 있을 독자들에게 그 이야기를 들려주고 싶기 때문이다.

누구나 자신의 감정적 상처를 만날 때 이처럼 함께해주길 바랄 것이다. 저마다의 감정적 상처들을 만나고 통합하면 그걸 뚫고 각자의 소망과 기대가 솟아오르지 않을까. 그래서 나는 심리 상담을 하며 내담자들의 마음에 봄이 왔다는 걸, 그들의 표정, 어조 등 아주 작은 것들을 예로 들어 알려준다. 물론 그들도 이미 느끼고 있는 부분이다. 자신의 삶을 생기 있게 살아가도록 해주는 봄을 마주한 사람은 달라지게 마련이다.

상담받다 보면 자기 내면의 느낌, 생각들을 의식 세계에서든, 무의식 세계에서든 일상과 꿈을 통해 만나게 된다. 왜냐하면, 상담을 통해 깊은 존재 대 존재의 대화를 하다 보면, 그동안 경험하지 못한 안전한 느낌을 받으며 내면 여행을 할 수 있기 때문이다. 이는 지금까지 내가 수많은 회사 상담실에서 만났던 임직원, 대학에서 만났던 학생들, 또 전문가 대상으로 진행한 워크숍, 법원, 교육청 등 다양한 실제 만남을 통해 경험한 일이다. 내가 그리된다는 걸 자신 있게 말하는 근거다.

물론 나는 이에 대해 내 첫 번째 마음 여행의 초대장인 《왜 불편한 관계는 반복될까?》란 책에 구체적으로 썼다. 내가 관계 맺기의 실패감과 불편감을 어떻게 해소했는지, 내 안의 나를 어떻게 만났는지 말이다. 지금까지 여러 독자분이, 자신의 마음을 누군가가 그대로 이 책에 옮겨 놓은 것 같다, 옆에서 자기 마음을 대변해주는 것 같아 위로받았다, 라고 전해오셨다. 어떻게 내가 그런 마음을 만날 수 있었을까?

잘하는 심리상담은, 상담자가 내담자의 현상 세계를 있는 그대로 이해하고 느끼는 것이다. 그래야 잘 공감할 수 있다고 한다. 나에겐 앞서 말한 그분이 가장 따뜻한 상담자였다. 그분은 있는 그대로, 느낀 그대로 내 감정에 공감하고 함께해주셨다. 지금 돌이켜 보면 그때 나는 그렇게 함께해주는 위로와 공감, 지지가 필요했던 것 같다. 그런데 정작 나 자신만 그런 사실을 몰랐었다. 내 안에 누가 함께해주면 좋겠다는 바람과 그걸 탓하지 않고 내 이야기를 경청해주기를 기대하는 마음이 있다는 것도.

그런 나를 전혀 알아차리지 못한 나는, 공허한 마음을 달래는데 돈과 시간을 많이 허비했다. 조금만 나를 긍정적으로 대해주고 알아주면 그 사람에게 내 마음을 다 주곤 했다. 누가 내 마음을 좀 알아주면 좋겠다, 차곡차곡 쌓여오기만 한 내 묵은 감정을 해소해주면 좋겠다, 그 방법을 알려주면 좋겠다, 그래서 공허하고 불편한 내 마음 좀 편하게 해주면 좋겠다고 하면서 말이다.

상담심리전문가가 되고 나서도 나는 이 내면 여행을 위한 많은 시도를 했다. 전국의 워크숍이나 강의에 참석하고 끌리는 도서를 찾아 읽었다. 회사 임직원 지도를 위해 배운 다양한 명상 방법을 나에게도 적용했다.

그런데 정작 나를 진짜로 만난 건 나에게 시련이 찾아왔을 때였다. 그렇게 분주하게 내 내면 감정 해소 방법을 찾아 전국을 돌아다닐 때가 아니었다. 더 정확하게 말하자면, 사람 관계, 믿어 의심치 않으며 소중하게 여긴 것들과 갑작스럽게 결별하면서였다. 무덤까지도 함께 갈 것 같았던, 오래되고 친밀한 관계가 하루아침에 끊어져버린 경험, 이해타산이 맞지 않으면 계속되지 않는 관계 등에 맞닥뜨리면서였다.

어쩌면 일상적인 관계 맺음일지도 모르는데, 나는 그걸 회피하려고만 했었나 보다. 소수와 안전하게 관계를 맺고 그 관계를 유지하는 것만이 잘하는 거라고 생각하면서. 이런 관계 맺음의 실패를 뒤통수 맞았다고, 배신감 느꼈다고 욕하며 끝낼 수도 있을지도 모르겠다. 하지만 나는 그런 얄팍한 방법으로는 감정을 해소할 수 없었다.

오히려 그런 경험을 할 때면 혼자 견디면서 마주해야 할, 내가 해소해야 할 감정이 있음을 알아챘다. 내가 겪어온 시간은 그런 시간이다. 나는 혼자 내 감정을 마주했다. 누구에게도 내 감정을 말하고 싶지 않았다. 그저 아침저녁으로 명상하며 눈물, 콧물 다 흘릴 뿐이었다. 그것도 아니면 나가서 마구마구 걸었다. 들로 산으로 공원으로. 닥치는 대로 걸었다. 그러다 숨이 차면 멈추어 섰다. 잠깐 명상했는데 반나절이 지나 있기도 했다. 시간의 개념도 없어졌다.

그러면서 낯선 신체감각 체험을 많이 하게 되었다. 신기하고 이상해서 자료를 찾아봤다. 그러면서 이미 많은 명상가가 체험한 것들임을 알게 되었다.

처음에는 명상 중 다양한 색채의 빛을 봤고, 몸으로 그 온기를 체험했다. 나중에는 온통 눈부신 하얀 빛의 세계를 경험했다. 실제로는 본 적 없는 너무나 아름다운 빛이 온통 나를 둘러싸고 있기도 했다. 또한, 명상 중이 아니었는데도 누워있는 내 머리의 열기가 마치 전기밥통의 그것처럼 벽 쪽으로 빠져나가는 듯한 생생한 체험을 하기도 했다. 이런 체험들을 일일이 쓰자면 너무 길고도 많아 고단할 것 같다.

아무튼, 나는 누구든 세계여행을 가기 전에 먼저 내면여행을 하라고 말해주고 싶다. 당신이 세상에서 찾으려 하는 그것이 오늘 아침 내린 흰 눈처럼 수북이 쌓여 있다. 너무 고요하고 아름다워 말로 글로 쓰기엔 내 능력이 부족하다고 느껴진다.

그저 당신이 내면여행을 하면서 내가 말한 것들을 꼭 보고 느끼길 바랄 뿐이다.

생각한 대로, 상상한 대로
인생이 펼쳐진다는 믿음

나는 천생 작가로 태어난 모양이다. 이렇게 말하면 비웃는 사람들도 있으리라. 그렇다 하더라도 이제 나는 이런 느낌을 그대로 인정하고 받아들이기로 했다. 내 생각이나 느낌을 이렇게 그대로 글로 써나가는 지금이 좋다.

내가 처음 출간한 책 《왜 불편한 관계는 반복될까?》는 여러 달 베스트셀러에 올랐다. 여러 작가와 함께 쓴 2권의 책, 《건강 리셋》,《상상 그 이상의 크루즈 여행을 떠나자》에도 나는 대표 저자로서 프롤로그를 썼다. 그러니 내 글을 읽으며 속이 좀 울렁거리더라도 곱게 봐주면 좋겠다.

오늘은 2024년 1월 5일이다. 여느 때처럼 발길이 닿는 곳에 차를 세웠고, 머물고 싶은 카페에서 이 글을 쓰고 있다. 순간순간 떠오르는 버킷리스트를 적어놓는 노트북 파일 폴더 안에는 놀라운 문장들도 들어 있다.

이것들은 내가 원하는 게 이루어지는 걸 경험하며 기록한 글들이다. 아주 찰나적인 순간, 내가 강렬하게 소망했던 것들이라고나 할까. 마치 휴대전화로 사진 찍듯이 내 마음에 저절로 찍혔던 것들이다. 그것들이 어느 날 우연히, 너무도 뜻밖에 내 삶 앞에 펼쳐지며 존재감을 드러냈다고나 할까.

그 자연스러움에 얼마나 소름이 돋았는지, 얼마나 감사했는지 모른다. 나와 가까운 사람들에게 이런 내 경험을 이야기하면 "늘 열심히 사니까 운도 따라 주는 거지. 근데 진짜 대박이다. 너무 신기해 매번"이라고 맞장구쳐주곤 한다. 사실 이런 체험들은 아주 오래전부터 내 삶에 쌓여 왔으며, 지금도 오늘도 몸소 겪는 일들이다.

구체적으로 한 장면을 예로 들어 설명해보면 이렇다. 어릴 적 시골 강가에서 물놀이하던 어떤 순간의 장면이 생생하게 떠오르는 식이다. 그때 언니, 오빠들은 순서대로 바위 위에서 강물 속으로 하나둘씩 풍덩풍덩 다이빙했었다. 함께 놀던 나는 그 모습들을 보면서 "난 여기 계속 있지 않을 거야"라고 속말했고. 어렸음에도 내가 왜 갑자기 이런 말과 생각을 하지, 의아해하며 주변을 둘러봤다.

그때 강물 위에 찬란하게 내리꽂히던 햇빛과 서로에게 물장구치며 웃던 언니, 오빠들의 모습까지 생생하게 기억난다. 비디오를 보듯 그 장면을 그리라면 그대로 그려낼 수도 있을 듯한 생생함이다. 그때도 내 마음속에는 어떤 느낌이 있었다. 그러고 나서 얼마 지나지 않아 난 부모님이 계신 서울로 왔고, 언니, 오빠들과 작별해야만 했다.

또 하나. 화장실이 하나뿐인 서울의 작은 아파트에서 살 때, 나는 잠들기 전 화장실 2개가 있는 큰 집에서 살게 해달라고 하나님께 두 손 모아 기도했다. 정말 꼭 들어주셔야 한다면서. 나는 그렇게 원하는 걸 하나님에게 수시로 속살거리는 소녀였다.

나는 어렸을 때, 아니 태어났을 때부터 시골 예배당에 다닌 아이였다. 매일 새벽종을 치는 외할아버지와 성미를 뜨는 외할머니와 살았다. 그러니 기도는 내 일상인 셈이었다. 식사 시간에 내가 기도하면 외할아버지와 외할머니가 웃음을 터뜨리셨던 기억도 적지 않다. 밥 먹기 전이나 일하시기 전 엄마는 언제나 먼저 기도를 하셨다. 그런 모습을 봐 온 나는 내가 하나님과 꽤 친하다고 생각했던 것 같다.

나는 내가 마음으로 찍은 것들, 소망하는 것, 원하는 것 모두 하나님이 이미 아시고 내게 주신다고 생각했다. 한 톨의 의심도 없이. 이런 식으로 내 삶에서 이루어진 아주 작은 일부터 큰일까지 나열하다 보면 끝이 없을 듯하다. 아주 사소한 물건부터 진로, 직업, 이직, 관계, 주거지 이전 등 내 삶 어느 것 하나 영향 받지 않은 게 없었으니까 말이다.

그런데 내가 지금 하고자 하는 이야기는 내 종교 생활에 관한 게 아니다. 전적으로 나의 사고체계, 믿음체계에 관한 이야기다. 그 당시엔 내가 알고, 내 마음을 표현할 수 있는 존재가 하나님 뿐이었다. 지금은 믿는 대상에 따라 다양하게 이름이 붙여질 수 있겠지만.

우연히 조 디스펜자(Joe Dispenza)의 유튜브 영상을 본 적이 있었다. 그때 나는 내가 끌어당김의 법칙을 알지도 못했을 때 그는 이미 그 법칙을 믿고 끌어당기고 있었구나, 하며 놀랐었다. 내가 어떤 사람을 보는 순간 '나도 저렇게 살고 싶다. 저렇게 되고 싶다'라고 강렬하게 마음에 사진을 찍으면, 어떤 강력한 이끌림이 있었다. 결국, 나는 그 자리에서 그렇게 살아가고 있는 나를 발견했고. 이는 내가 마음으로 원하고 소망하는 것들이 그대로 이루어져 왔음을 아주 구체적으로 보여주는 예다.

한편, 내가 내 아이들이 잠들기 전에 늘 들려주었던, 다음과 같은 영어 문장이 있다.

"You can do anything what you want to.
You are beautiful.
I love you."
(너는 네가 하고 싶은 것은 무엇이든 할 수 있어.

너는 아름다워.

사랑한다.)

대학생 때 해외 배낭여행을 떠나려고 어학원을 다녔던 적이 있다. 이 문장은 그때 함께 수업을 들었던 선생님이 권해준 책에 들어 있었다. 바로 《Think Big》이라는 영어원서였다. 이 책은 내 생애 처음으로 읽은 영어원서였고, 내게 커다란 감동을 주었던 책이기도 하다. 읽은 지 너무 오래되어 내용이 다 기억나진 않는다. 그래도 애써 떠올려보면, 인종차별이 심한 곳에서 주인공이 어떻게 성장하고 성공할 수 있었는지, 그 마인드를 다룬 책이었다. 그 책에 나오는 주인공의 어머니가 자기 자녀에게 늘 해주었던 이 말이 나에게 참 울림을 주었었다.

특히, 온갖 역경을 이겨낸 주인공이 자신의 힘들었던 삶 중에서도 자기 어머니를 회고하는 부분은 심금을 울렸다. 그녀는 글도 모르는 자신의 어머니가 고된 육체노동을 마다하지 않고 자기 형제들을 키워냈다고 토로했다. 어쩌면 그 부분이 내 엄마의 삶과 닮아 더 가슴에 와닿았는지도 모르겠다.

결혼 후 나는 내 아이들이 잠들기 전 동화책도 읽어주고, 노래도 같이 부르곤 했다. 그러다 아이들이 스르르 잠들라치면 꼭 이 영어 문장을 잊지 않고 들려주었다. 이상하게도 내가 감동하거나 마음속으로 소망한 것들은 잘 잊어버리지 않는 것 같다. 안 그러면 기억력이 좋지 못한 내가 어떻게 결혼하고 출산한 후 두 아이의 머릿속에 각인될 만큼 그 영어 문장들을 말해줄 수 있었겠는가.

그때 나는 비록 부족한 엄마일지라도, 정신과 마음만은 단단해지도록 이 사랑의 말을 아이들 가슴속에 새겨주고 싶었던 것 같다. 아이들이 어렸을 때 이 문장은 마치 나와 우리 아이들, 셋만의 비밀 암호 같았다. 우린 동네 도서관을 가는 길목에서도 이 말을 외쳤고, 눈이 펑펑 내리는 겨울날 눈사람을 만들면서도 서로를 향해 이 문장을 외쳤다.

"힘내라.
사랑한다.
너무 신난다."

누구 하나가 이 문장을 시작할라치면 나머지가 노래하듯 따라 했다. 상대방이 먼저 문장을 읊으면 같은 문장으로 답하기도 했다. 또는 다 같이 파워레인저 흉내를 내기도 했다. 문장을 주문 처럼 외우면서 서로를 안아주기도 했다. 우린 그걸 합체라고 불 렀다. 지금 이 글을 쓰면서도 아이들의 그 꼬마 때 모습이 생생 하게 떠오른다. 그래, 우린 그랬다.

이렇게 느낌 가는 대로 살아도 괜찮다고 아이들에게 말해주고 싶었다. 무슨 일이 일어나기보단 오히려 행복감과 충만감이 밀 려온다고 말이다. 그동안 계획대로 인생이 흘러가지 않았듯, 어 쩌면 우린 지구에 더 큰 계획을 품고 왔는지도 모른다. 시련까지 도.

생각한 대로, 상상한 대로 인생이 펼쳐진다는 믿음이 있으면, 모든 건 자연스럽게 우리 앞에 펼쳐질 것이다. 그러니 이젠 느낀 그대로 말하고, 생각한 대로 살아라.

온 우주는 당신이 깨어나길 바라고 있다

제1판 1쇄 2024년 3월 30일
제1판 2쇄 2024년 4월 5일

지은이 주이슬, 권은겸, 김봉선, 이미경, 김지선, 김수경, 조숙경, 황문섭,
         김한별, 김현진, 김결이, 최희선, 제나, 금선미 지음
기 획 김태광(김도사)
펴낸이 한성주
펴낸곳 ㈜두드림미디어
책임편집 이향선
디자인 얼앤똘비악(earl_tolbiac@naver.com)

㈜두드림미디어
등록 2015년 3월 25일(제2022-000009호)
주소 서울시 강서구 공항대로 219, 620호, 621호
전화 02)333-3577
팩스 02)6455-3477
이메일 dodreamedia@naver.com(원고 투고 및 출판 관련 문의)
카페 https://cafe.naver.com/dodreamedia

ISBN 979-11-93210-67-3 (03190)
책 내용에 관한 궁금증은 표지 앞날개에 있는 저자의 이메일이나
저자의 각종 SNS 연락처로 문의해주시길 바랍니다.